Arena-Taschenbuch
Band 1281

»Tiere theoretisch beschreiben und Tiere in freier Wildbahn betrachten und beschreiben, sind zweierlei Dinge. Und so bietet sich dem Leser in diesem Buch die Chance, sein Tierwissen aus der Quelle, aus dem Umgang mit den Tieren selbst zu beziehen ...«

Vereinigter Jugendschriftenausschuß Saar

»Spannende Tiererlebnisse, seltene Beobachtungen, das biologische Wissen um die Tiere anregend geschildert, bilden den Inhalt des sehr empfehlenswerten Buches.«

Jugendschriftenausschuß Aschaffenburg

John Hagenbeck

Aug' in Aug' mit 1000 Tieren

Erlebnisse eines Tierfängers und Abenteurers

Arena

1. Auflage als Arena-Taschenbuch 1976
Lizenzausgabe des Verlags Jugend und Volk, Wien

Dia für Umschlag und Fotos: Dr. Hans Jesse, Köln-Ehrenfeld
Gesamtherstellung: Richterdruck Würzburg
ISBN 3 401 01281 9

Inhalt

Zwischen Tigern und schwarzen Panthern

Der Himmel über mir wird von einer Minute zur anderen rosafarben und lila, violett und grün. Er kündet den Abend nach einem glühendheißen Tag an. Die Wolken, die sich am östlichen Horizont ballen, sind die Vorschatten der Nacht.

Der Jeep, der auf dem Ochsenpfad vorwärts rattert, trägt mich und meinen indischen Reisegefährten weiter nach Süden. Die Sonne scheint es eilig zu haben, uns im Westen davonzulaufen. Wir haben keine Zeit mehr zu verlieren; denn in diesen Breiten und um diese Jahreszeit bricht die Nacht mit Sekundenschnelle über uns herein. Der Mann am Steuer unseres Jeeps sagt, daß er nicht weiterfahren könne, wenn es dunkel geworden sei. Er versichert, daß in der Nähe Tiger seien, und schwört, daß er seinen eigenen Vetter durch einen Tiger verloren habe, der aus dem Bastar-Dschungel bis hierher, auf die Straße zwischen Raipur und der Dschungel-Ortschaft Pharasagaon, dann und wann vorstoße, wenn er sonst kein Opfer findet.

Uns wäre es an diesem sinkenden Abend lieb, unser Ziel zu erreichen. Wir ermutigen ihn, schneller zu fahren, obwohl jedes Schlagloch in diesem Ochsenpfad uns hochwirft und durcheinanderrüttelt. Wir haben eine lange Reise hinter uns und kamen in einer Fahrt von 18 Stunden mit dem Zug von Kalkutta nach Raipur. Dort wartete der Jeep auf uns, der uns zwei Kilometer südlich in die geheimnisvolle Einsamkeit bringen soll, in das Dschungeldorf, das morgen kein Dorf mehr sein wird.

Wir sind heute hier unterwegs, um in der Nähe von Pharasagaon Tiger zu fangen, Tiger zu jagen. Morgen

wird hier mitten im Dschungel eine Stadt erstanden sein, vor der die Tiger das Weite suchen, um sich irgendwohin zurückzuziehen, wo noch keine Bohrmaschinen rattern und keine Hämmer dröhnen.
Ich hörte wenige Stunden, bevor ich in Kalkutta aufbrach, daß man durch einen Zufall an jenem Ort, dem ich nun zustrebe, einen ungeheuren Erzberg entdeckt habe, der auf 3 Milliarden Tonnen reinstes Eisenerz geschätzt wird. Als man in Kalkutta im Auftrag der indischen Regierung auf großen Landkarten, die manchen weißen Fleck aufwiesen, Linien zog, die mitten durch den Dschungel hindurchgehen, war ich Augenzeuge. Eine Stadt sollte aus dem Boden gestampft werden, der Urwald sollte fallen, der Erzberg lockte die Menschen an.
Aber der Mann am Steuer des Jeeps erzählte mir, daß die indischen Geologen, die von der Regierung zur genauen Untersuchung des Gebietes ausgeschickt wurden, grau vor Schreck aus dem Dschungel nach Pharasagaon zurückgekehrt seien, denn auf ihren Spuren vermuteten sie die Tiger, die sie fürchteten.
Weil uns zu Ohren gekommen ist, daß große, ausgewachsene, sehr schöne Tiger südlich von Raipur in Menschennähe gekommen seien, brechen wir auf, um zu erkunden, unter welchen Bedingungen man sie in die Falle locken könnte.
Wir glauben zwar nicht, daß die Tiger so gefährlich und so nahe sind, wie der Mann am Steuer des Jeeps es versichert. Aber wir merken seine Nervosität, mit der er nach rechts und links schaut, während er mehr Gas gibt. Plötzlich zieht er die kreischenden Bremsen an. Die Sekunden zuvor eingeschalteten Scheinwerfer müssen irgend etwas auf diesem elenden Ochsenpfad weit vor uns zwischen Steppe und Urwald erspäht haben.
Es ist ein Mensch, der mitten auf dem Ochsenpfad steht. Er hat einen buschigen Schnurrbart und sieht aus wie ein Schneiderlein. Eine ärmliche Brille ziert seine Nase. Er unterscheidet sich in nichts von den vielen tausend Indern, denen wir in Kalkutta und in Raipur begegneten. Zu

unserer Begrüßung legt er seine Hand an die Stirn als Gruß des Friedens. Stumm nimmt er neben dem Fahrer im Jeep Platz.
Nach vielen Minuten des Schweigens beginnt er zu sprechen:
»Es ist leichtsinnig, um diese Stunde hier zu fahren. Gestern haben wir zwei Männer verloren, sie kamen hier mit einem Ochsengespann entlang. Dort drüben aus dem Wald kam der Tiger. Der Ochse riß sich los und suchte das Weite. Einen der Männer schlug der Tiger und zertrümmerte ihm den Schädel, als sei er eine Eierschale gewesen. Sein Bruder schlug mit der Axt, die auf dem Karren lag, auf den Tiger ein. Aber der Tiger brachte ihm zwei Prankenschläge bei, und ein Schlag riß ihm ein Blutgefäß am Oberschenkel auf. Als wir die beiden fanden, konnte ihnen niemand mehr helfen. Der Tiger ist verschwunden.
Es ist ein Man-Eater. Das wissen wir ganz genau. Es sind viele Tiger hier in der Gegend. Kommt ihr deswegen nach Pharasagaon?«
Zunächst hüllen wir uns in Schweigen, denn wir wollen erst einmal feststellen, wer dieser kleine Mann mit der Drahtbrille und dem buschigen Schnauzbart ist. Hierzu bietet sich bald Gelegenheit.
Wir müssen halten, Treibstoff nachzufüllen. Bei dieser Fahrtunterbrechung geht der Kleine rechts vom Weg in den Busch hinein und hält den Kopf hoch, als versuche er zu riechen, ob Gefahr in der Nähe sei.
Die Abwesenheit des Mannes benutzen wir, um uns bei unserem Fahrer nach ihm zu erkundigen. Der Fahrer belehrt uns:
»Das ist Sammy Mayadas! Er ist einer der besten Tigerjäger, die wir hier in diesem Gebiet kennen, und er wird oft von der Regierung aufgefordert, wenn die Raubtierplage zu groß geworden ist. Sein Spürsinn findet jeden Tiger, und wenn er ihn gefunden hat, dann erlegt er ihn auch. Fünfzig Tiger soll er zur Strecke gebracht haben. Aber er spricht selbst nicht darüber, weil er abergläubisch

ist und die Rache der Tiger fürchtet. Denn eine alte indische Legende besagt, daß es Tiger gibt, die sich in einen Menschen verwandeln können, und daß Menschen leben, die zu Tigern werden. Er meint, er könne nie wissen, wann er mit einem Tiger in Menschengestalt spreche. Wenn die Tiger wüßten, daß er es sei ...«
Unser Gespräch muß verstummen, denn der kleine Inder, der aussieht wie ein Schneider, ist aus dem Busch zurückgekehrt und treibt zur Eile an.

Drei Teufel im Busch

Unser neuer Begleiter muß irgend etwas gesehen haben, denn wenn er wirklich ein so großer Jäger ist und sich auf Tiger versteht, dann genügt ihm im Halbdunkel dieses Abends die kleinste Spur, zum Beispiel der Geruch einer Losung.
Jetzt sagt er: »Es müssen wenigstens drei Teufel sein, die hier im Busch umgehen. Ich dachte mir schon, daß es wahrscheinlich nicht ein Tiger allein war, der die beiden Brüder holte. Nun dürfen wir den Teufeln keine Zeit mehr lassen, denn sie waren zu erfolgreich, und sie werden mit jedem Sieg mutiger. Damit wächst die Gefahr für uns alle.«
Wir fragen uns: »Sagt er es für uns? Spricht er vor sich hin? Will er dem Mann am Steuer des Jeeps etwas erzählen, was gleich die Runde machen wird in Pharasagaon?«
Der Jeep kann nicht mehr so schnell fahren. Rechts und links reckt sich der Dschungel hoch und läßt die Welt in eine merkwürdige Finsternis versinken. Plötzlich steht das Gefährt. Es ist stockdunkel. Die Lichtmaschine versagt. Der Fahrer kommt nicht mehr weiter, denn wir können hier im Dschungel nicht nach der Ursache suchen, die den Jeep zum Stehen brachte.
»Es sind nur noch ein paar Kilometer bis Pharasagaon. Nehmen Sie Ihre Waffen und sonst das Nötigste und Wertvollste. Wir werden zu Fuß gehen. Ich gehe an der Spitze. Ihr, die beiden Fremden, kommt in die Mitte. Zum

Schluß kommt der Fahrer!« hören wir unseren Begleiter sagen.
Zwar spricht er mit einer Flüsterstimme, aber diese Stimme verrät Autorität und läßt erkennen, daß dieser Mann gewohnt ist zu befehlen. Wir schreiten über einen Dschungelpfad. Gleich hinter dem Dschungel soll das geheimnisvolle Dorf am Fuß des Eisenbergs liegen.
Wie lebendig die Nacht im Dschungel ist! Überall starren rote und grüne Augen von den Bäumen. Sammy Mayadas kennt die Farben dieser Augen und weiß nach der Höhe, in der sich diese Augen vom Boden befinden, welche Tiere dort unseren einsamen Marsch durch die Finsternis belauschen. Sammy hat sich eine unserer Taschenlampen vor die Stirn gebunden. Aber er läßt sie nur aufleuchten, wenn er mit dem Instinkt der Eingeborenen ein Hindernis vor sich wittert.
Er nennt uns die Tiere, die im Dschungel warten und deren Augen wir leuchten sehen, indem er sagt: »Dort drüben das Tier mit den rubinfarbenen Augen ist ein Hirsch. Er steht nur fünf Meter von diesem Pfad entfernt. Die grünen Augen zur Rechten – nein, es ist kein Tiger, auch wenn diese Augen so groß leuchten! – es ist nur eine Dschungelkatze.«
Bei diesen Erklärungen zieht der Dschungel nach und nach an uns vorüber: Vögel, Affen, Hyänen, Schakale und immer wieder Katzen, groß und klein, die uns anstarren, wohl weil sie nicht wissen, was sie mit unseren Schatten beginnen sollen, Schatten, die sie selten sehen, und die für sie nichts anderes bedeuten können als – Gefahr. Aber sie rühren sich nicht. Sie hüten sich anzugreifen und versinken irgendwo im Dschungel. Er scheint zu verstummen, wenn dann und wann Sammy das Licht auf seiner Stirn aufgrellen läßt.
Plötzlich geht der Wald auseinander. Über uns strahlt ein wundervoller Himmel, der mit Sternen besät ist. Sie leuchten, funkeln und schimmern, als habe man Millionen von Diamanten auf ein gewaltiges Tuch aus schwarzem Samt geheftet.

Sammy Mayadas hat uns längst nach unseren Wünschen gefragt. Diese Frage lag ihm auf der Zunge, als er zu uns in den Jeep stieg. Wir sagen ihm, daß wir den Auftrag eines großen Zoologischen Gartens in Amerika, in San Franzisko, erhielten, schöne große, halb ausgewachsene Tiger heimzubringen, lebende Tiger, die wir hier in der geheimnisvollen Welt rund um Pharasagaon zu fangen gedächten.
Sammy geht auf unsere Worte nicht ein. Er spricht immer nur von den Teufeln im Busch. Die drei Tiger, denen er seit Tagen auf der Spur ist, lassen ihm keine Ruhe. Manchmal stellen wir uns die Frage, wie er heimgekehrt wäre, wenn wir nicht mit unserem Jeep des Weges gekommen wären.
Unser Fahrer, der sich um seinen Jeep im Dschungel sorgt, erzählt uns, daß abseits vom Weg tief im Dschungel seit einigen Wochen eine Station eingerichtet worden sei, ein Blockhaus mit Stacheldraht gesichert und mit Zement ausgegossen. Wir können nicht genau in Erfahrung bringen, was diese Station für einen Sinn haben könnte. Vielleicht ist es ein erster fester Punkt für eine gewaltige Straße oder eine Eisenbahnlinie, die man durch den Dschungel nach Pharasagaon zu ziehen gedenkt. Dort würde Sammy also Zuflucht gesucht haben, wenn wir nicht gekommen wären. Wir bewundern den einsamen kleinen Mann, der allein unterwegs war, um die Tiger zu suchen, auf die er mit drei Dörfern Jagd machen will, wenn er genau weiß, wo diese Tiger ihren Wechsel haben, wohin sie laufen, um zu saufen, wohin sie sich zurückziehen, wenn sie mit vollem Magen auszuruhen gedenken. Sammy erzählt uns weiter:
»Wir müssen etwas unternehmen und wenigstens zwei von ihnen abschießen. Hier im Dschungel ist es so, daß die einzelnen Dörfer meist mit einem Tiger, der in der Nähe haust, ein Abkommen treffen. Ein solcher Tiger nähert sich einem Dorf nur, wenn er Hunger hat. Dann holt er ein weidendes oder verirrtes Stück Vieh. Läßt man ihn in Ruhe, ängstigt man ihn nicht mit Fackeln, schießt man

nicht auf ihn, dann hält er dem Dorf die Treue. Die Menschen im Dorf rechnen auch damit, daß er alle Wochen irgendein Tier holt. Das reicht aus, um seinen Hunger zu stillen. Natürlich ist es ein schwerer Verlust. Freilich sind es siebzig Kühe oder Ochsen, die man so im Laufe eines Jahres verliert.

Aber es könnte schlimmer sein! Der Tiger wäre imstande, in die Dörfer einzubrechen. Aus dem stillschweigenden Abkommen zwischen den Menschen und dem Tiger ziehen auch die Leute in den Dörfern ihren Nutzen; denn der Tiger sorgt dafür, daß sich kein anderes Wild im Bereich des Dorfes hält. Die Äcker und die Gärten bleiben also von dem Schaden verschont, den sonst das Wild anrichten würde.

Aber diese Tiger, die sich nun im Bereich von Pharasagaon breitmachen, sind keine Einzelgänger mehr. Mit einem Einzelgänger kann man sich verständigen. Kommen die Tiger zu mehreren, dann werden sie zu Rudeln und unersättlich. Ich denke, daß der Tiger, mit dem die Menschen von Pharasagaon ihren stillschweigenden Vertrag hatten, ein Weibchen fand, eine wild jagende Tigerin. Nun haben sie sich vermählt und haben wohl schon ein großes Junges. Vielleicht brachte die Tigerin es auch mit.«

Die wild jagenden Tiger leben im Dunkel der Wälder und kommen nur selten an die Dörfer heran. Der Tiger scheut den Menschen. Er fürchtet sich vor allem, was nicht in seinem Lebenskreis aufgewachsen und bereit ist, ihm untertan zu sein. Er muß oft, um seinen Hunger zu stillen, weite Wanderungen unternehmen, gewaltige Strecken zurücklegen. Gewiß hat Sammy recht: Die Tigerin, die sich mit dem unheimlichen Freund von Pharasagaon vermählte, hat sich ihrem Gatten angepaßt und gelernt, daß es viel bequemer und einfacher ist, sich an die Viehherden der Dörfer heranzuschleichen und sich dort eine Beute zu holen, die meist zu langsam, zu tölpelhaft und zu schwach ist, um sich zu wehren.

Von solchen Tigern, die mit den Bauern indischer Dörfer Freundschaft schließen, haben wir oft gehört. Wir hielten

das Ganze immer für ein Märchen. Auch mein indischer Begleiter war bisher der Meinung, daß die indischen Bauern sich in das Unvermeidliche gefügt hätten und nachher ganz einfach behaupteten, sie seien mit dem Opfer stillschweigend einverstanden gewesen, das sich ihr Tiger holte.
Wir sind neugierig, was uns Sammy versprechen kann. Er scheint uns der geeignete Mann, hier wenigstens, vielleicht 100 Kilometer von Pharasagaon entfernt, einen zweiten oder dritten Tiger lebend zu fangen. Auf dem Jeep im Dschungel haben wir unsere Netze und unser Handwerkszeug zurückgelassen, das wir brauchen, um unsere Aufgabe zu lösen.

Das Netz ist gespannt

Sammy hat nicht übertrieben. Neun Menschen hatten im Laufe der letzten zwei Jahre im Bereich von Pharasagaon durch Tiger ihr Leben verloren. Die Geologen der indischen Regierung lehnten es ab, obwohl man ihnen gute Waffen mit auf den Weg gab, unter diesen Verhältnissen zu arbeiten. Sammy bringt uns in einer gut eingerichteten Dschungelhütte unter. Es ist nicht das erste Mal, daß wir unter merkwürdigen und aufregenden Umständen übernachten. Überall zirpt, pfeift und bewegt es sich irgendwo in dieser Hütte. Mir ist bekannt, daß Schlangen durch die Wärme des menschlichen Körpers angezogen werden. Zweimal fand ich in den letzten Wochen morgens eine Kobra auf meinem Lager. Aber sie hatte sich nur bei mir wärmen wollen und huschte davon, als ich erwachte und mich ganz vorsichtig rührte.
Nur wenige Stunden haben wir geschlafen. Die Menschen werden hier im Dschungel mit dem Grauen des Tages wach. Wir hören sie draußen lärmen und schnattern. Sie sitzen um meiner Hütte, in der ich übernachtet habe, herum und sind neugierig, mich zu sehen – mich und meinen Begleiter. Sammy hat ihnen längst erzählt, was wir wollen. Inzwischen ist unser Fahrer mit drei Ochsen aus-

gezogen, um entweder seinen Jeep wieder in Gang zu bringen oder ihn mit diesem Ochsengespann und fünf Helfern nach Pharasagaon zu holen.
Seit unserer Ankunft in Raipur habe ich nichts mehr gegessen. Ich habe Durst auf einen Schluck Tee und höre, wie die Leute schnalzen und schon in dieser frühen Morgenstunde ihre erste Mahlzeit mit Reis und großen Brotfladen zu sich nehmen.
Als ich aus der Hütte trete, starren sie mich mit großen Augen an und lachen, indem sie sich mir nähern, um mir die Hand zu drücken. Sie wittern ein Geschäft, eine große Hatz, eine Jagd und bieten sich mir alle an, mit dabei sein zu dürfen, wenn wir auf die Jagd gehen. Sie zeigen mir den großen Berg, der sich im grauenden Morgen aus dem Nebel abhebt, der aus dem feuchten Boden dunstig und dicht emporsteigt. Das ist der Berg, in welchem drei Milliarden Tonnen Eisenerz liegen sollen. Dieser Berg wird diese Welt und diese Menschen verwandeln. In zwei Jahren wird man hier nichts mehr wiedererkennen. Auch die Seelen der Menschen werden bis dahin ganz anders geworden sein. Ich sehe im Geist Fabrikschornsteine aus der Erde wachsen.
Doch, ich muß zur Sache kommen! Es geht um meine Tiger. Tiger soll ich heimbringen und nicht interessante Geschichten über einen eisernen Berg, der die Magnetnadeln abirren läßt, der die Menschen krank machen soll, die nicht in seiner Nähe geboren sind.
Mein indischer Reisebegleiter verhandelt mit den Männern von Pharasagaon. Sammy hat längst die Vorbesprechungen geführt. Er sieht aus wie Mahatma Gandhi mit seiner Brille, und auch sein Blick scheint so gütig zu sein. Aber ich weiß, daß Sammy Mayadas ein Meisterschütze ist, ein Mann, der dieses ganze Dorf heimlich regiert und der gewiß in einigen Monaten oder Jahren hier ein bedeutender Mann sein wird, auch wenn es keine Tiger mehr zu jagen gibt.
Sein Plan geht dahin, zwei Aufgaben zugleich zu lösen. Die Regierung erwartet von ihm, daß er die Gegend von

der Plage der drei Tiger befreie. Ich aber hoffe, daß er mir zur Seite steht, Tiger lebend heimzubringen.
Natürlich weiß er, daß wir keinen ausgewachsenen Tiger jemals lebend in einem Käfig, den wir aus Bambusstäben bauen, nach Raipur und von dort aus nach Kalkutta schaffen können. Ein solcher ausgewachsener Koloß wiegt seine fünf oder sechs Zentner, und wenn er mit seiner Pranke zuschlägt, dann ist da, wohin er trifft, Vernichtung, Tod! Aber Sammy spekuliert auf das Junge, das er in Gesellschaft des Tiger-Ehepaares vermutet. Er hat auch das Weibchen noch nicht zu Gesicht bekommen. Es könnte jung sein. Sein Plan geht dahin, mit einer riesigen Trägerkette die Tiger auf einem Punkt zusammenzudrängen. Er weiß zwar nicht, ob es ihm gelingt. Denn oft brechen die Tiger durch, erschlagen einige der Treiber und fliehen weiter nach Süden oder Westen.
Sammy will mit Feuerbränden vorgehen. Aus einigen Dörfern will er mehr Männer herbeiholen. Der Tiger scheut das Feuer. Sammy denkt scharf logisch folgendermaßen: Wenn der große Tiger, der durchbrechen könnte, sein Weibchen und das Junge nicht im Stich läßt, dann müßte es irgendwann und irgendwie gelingen, alle drei auf eine Lichtung zu treiben, jedenfalls in ein Waldstück zu jagen, wo man dann Fallgruben anlegen kann und Netze aufzustellen vermag.
»Aber die Fallgruben dürfen nicht zu tief sein! Auf dem Boden der Gruben dürfen keine Pfähle mit den Spitzen nach oben in den Boden gerammt werden. Die Tiger haben für mich nur einen Wert, wenn sie ganz gesund und unbeschädigt und unverletzt sind!«
Sammy zieht ein krauses Gesicht, weil er wahrnimmt, daß ich die Methoden, nach denen sonst hier gejagt wird, genau kenne. Geht einer der Tiger in die Grube, dann können wir ihn mit einem Netz zuwerfen und so lange Erde in die Grube schütten, bis wir ihn zu bergen vermögen.
Ich weiß, daß alles, was nun kommt, Jagdglück ist und nichts anderes. Es ist das Jagdglück des Menschen, der aus-

zieht, Tiere lebend heimzubringen. Für Sammy ist es das Jagdglück des Mannes, der von seiner Regierung die Büchse und den Befehl bekam, Tiger abzuschießen, die sich zu gefährlichen Schädlingen entwickelt haben, Dörfer überfallen, die Menschen niederreißen.

Der Chauffeur ist mit dem Jeep triumphierend nach Pharasagaon gekommen. Alles war noch unbeschädigt. Niemand hatte sich an unserem Gepäck vergriffen. Ich halte Ausschau nach unseren Netzen und suche unter den Gepäckstücken, unter den Kisten einen Behälter mit einem großen roten Kreuz. Unter den üblichen Medikamenten, unter den Sera, die man mit auf den Weg nimmt, wenn man in den Dschungel Indiens eindringt, befindet sich auch eine Anzahl Ampullen, über die ich aber Sammy nichts sage. Es könnte ihn sonst lässig machen, wenn er wüßte, daß ich Mittel und Wege weiß, auf eine gewisse Entfernung einem Tiger eine feine Glasphiole in die Flanken zu schießen, die ihre Flüssigkeit in den Blutkreislauf gelangen läßt und den Tiger einschläfert, der dann plötzlich erwacht und merkt, daß er nicht mehr in seinem Dschungel ist, sondern der Gefangene des Menschen.

Doch wir müssen die Tiere, die wir auf diese Weise ohne Qual und unbeschädigt heimholen wollen, ja erst im Netz haben, in der Grube. Sie müssen gewissermaßen in unserer Reichweite sein, ehe wir das letzte Hexenkunststück der modernen Tierjagd des Mannes, der seine Beute lebend heimbringen soll, anzuwenden vermögen.

Es dauert zwei Tage, bis eine Schar von Fackelträgern und Treibern verpflichtet ist. Wir feilschen um den Preis. Ich weiß, daß Sammy sein Kopfgeld für den Tiger bekommt. Ich rechne aus, was man mir in San Franzisko für meinen Tiger bezahlt.

Nur die Millionäre, die ihre 15 000 DM auswerfen können, um einen kleinen Jagdausflug zu unternehmen und vielleicht ein Tigerfell heimzubringen, brauchen nicht zu rechnen.

Wir haben die Träger verteilt. Der Aufmarschplan ist entworfen. Sammy hat seine Späher ausgeschickt. Stimmen die Aussagen dieser Pfadfinder, dann müßten nicht drei, sondern fünf Tiger im Bereich von Pharasagaon ihr Unwesen treiben. Aber vielleicht haben sie sich geirrt. Gewiß waren es die gleichen Tiger, die sie hier oder da aufspürten und von denen man ihnen berichtete.

Der Aufmarsch dauert einen ganzen Tag. Die Kolonnen der Treiber müssen das weite Gebiet umgehen, das Sammy als sein Jagdrevier und unser Fanggebiet ausersehen hat. Wir hatten verabredet, daß ich mit einer Leuchtpistole eine gelbe Kugel in den Himmel schießen würde, und in diesem Augenblick sollen sie von allen Seiten zur Mitte hin marschieren, auf jene Stelle zu, von der Sammy sagt, daß er dort seinen Tiger zur Strecke bringen werde – und ich meine Beute fände.

Johlend und trommelnd, ihre Feuerbrände schwingend, rücken die Fackelträger langsam vor.

Die Teufel im Urwald, von denen Sammy immer spricht, während er den Namen Tiger nie erwähnt, haben wohl schon längst Witterung vom Menschen genommen und verkriechen sich vor dem Geruch des Menschen, vor dem sengenden Rauch der Fackeln, vor dem Lärm und dem Geschrei immer tiefer in den Dschungel.

Es ist ein gewaltiger Kriegszug. Man muß schon ein Stratege vom Format dieses seltsamen kleinen Sammy Mayadas sein, um einen solchen Feldzug erfolgreich zu führen. Seine Späher, seine Verbindungsleute berichten ihm Stunde um Stunde, was vorfällt. Wir hatten unseren Vormarsch früh am Morgen begonnen. Als der Tag heraufzieht und die Sonne scheint, versucht einer der Tiger dreimal, die Reihe der Fackelträger, der Treiber zu durchbrechen. In seinem Gefolge – so berichten die Späher – waren die anderen Tiger, die aber flohen, als die kreischenden und schreienden Vögel in den Bäumen die Tiger den Menschen verrieten.

Die Treiber haben immer wieder Zeit genug, die Fackeln in das Dickicht zu werfen, das hier und da im trockenen Unterholz für Minuten auflodert, beizenden Rauch verbreitet und dann erlischt, weil der Urwald zu feucht ist.

Vor dem Feuer fliehen die Tiere, fliehen auch die Tiger nach rückwärts – genau dorthin, wo Sammy sie haben will. Wir kommen über Lichtungen. Dort haben die Tiger keine Chance. Das Gras auf den Lichtungen ist meist dürr und brennt knisternd ab. Ist es nicht ein ungleicher Kampf? Aber ich will keinen Tiger schießen. Das ist Sammys Sache. Ich will meine Beute – lebende Tiger!
Auf Ochsenkarren hat man uns die Netze und das Tauwerk nachgefahren. Sammy hat mir klar gemacht, daß meine Netze und meine Stricke nicht ausreichen werden. Er weiß genau, was er tut. Er plant so überlegen und so sicher und gebietet mit soviel Autorität über die Männer, die auf jeden seiner Winke achten, daß ich mich immer wieder erstaunt frage, wie soviel Klugheit und Energie in einem so schmächtigen Körper wohnen können.
Ich höre die klatschenden Peitschenhiebe, die auf die Ochsenrücken fallen, um die geduldigen, mächtigen und starken Tiere durch den Dschungel vorwärts zu treiben. Sie zaudern, sie zögern, sie wittern wohl die Gefahr. Ahnen, fühlen oder riechen sie ihren größten Feind?
Wir sind von einem grauenden Morgen bis in den späten Abend unterwegs. Aber noch ist nicht einmal die Hälfte der Arbeit getan. In der Nacht können wir nicht weiter. Die Eingeborenen fürchten im Dschungel die Geister, sobald es dunkel wird. Sie werden gleich ihre Decken, ihre Sarongs über den Kopf ziehen und sich irgendwo auf den Boden kauern und schlafen.
Es ist eine unruhige und feuchte und lärmende Nacht, die wir im Dschungel verbringen. Sammy hat aus Laub von seinen Leuten Hütten bauen lassen. Aber er hat keine Ruhe. Er weiß, daß die Tiger in der Nähe sein müssen. Einer der Späher hat, kurz bevor es Nacht wurde, eine Kotspur ausgemacht. In einem gewaltigen Rund werden überall Feuer angezündet. Bevor sie sich in ihre Decken einhüllen können, müssen die Treiber trockenes Holz herbeitragen, um die Feuer in Gang zu halten, bis es wieder Morgen wird. Nur jene, die am Feuer Wache halten und eine besondere Belohnung dafür erheischen, schließen

in dieser Nacht nicht die Augen. Sie starren mit großen Augen in die Flammen, die in den Nachthimmel emporzüngeln. Sie wagen nicht nach rechts und nicht nach links zu sehen aus Angst, daß dort ein Waldgespenst auftaucht, das ihnen den Verstand nimmt.
Aber uns ist damit gedient, daß sie die Feuerbrände immer aufs neue anfachen und auflodern lassen sowie trockenes Holz nachlegen. Denn solange das Feuer brennt, wagen die Tiger in der Nacht keinen Durchbruch. Doch wenn der neue Tag kommt, soll sich ihr Schicksal erfüllen.
Wir haben die Netze sorgsam im Schutz unserer Dschungelhütten auseinandergenommen. Sammy nickt anerkennend. So feste Netze hat er noch nie gesehen, und doch dehnen sich die Maschen und geben hier und da um ein kleines nach. Aber durch diese Maschen kann kein Tiger entkommen – auch kein Jungtier.
Lang vor dem Hahnenschrei, den man jetzt in Pharasagaon hören mag, sind die zähen Männer, die wir als Treiber verpflichtet haben, wieder auf den Beinen. Sie frösteln und zittern an diesem feuchten Dschungelmorgen, bis sie ihre erste Mahlzeit zu sich genommen haben. Sammy hat die Besprechung mit seinen Kolonnenführern schon abgeschlossen. Die vier Netze, die in unserem Gepäck waren, hat er auf drei Stellen verteilt. Er hat das Gelände erkundet. Er ist fast schon siegesgewiß.
Das Geschrei hebt von neuem an. Die Fackeln brennen wieder. Die Trommeln dröhnen. Die Männer johlen. Sie lärmen und johlen um so lauter, je näher sie den Tiger wissen. Sie schreien um ihr Leben.
Ehe die Sonne hoch am Himmel steht, meldet Sammy triumphierend, daß die Netze gespannt sind.

Der Riese greift an!

Sammy hält eine große Überraschung für uns bereit und hat sie sich für die letzte Stunde aufbewahrt. Aus einem der benachbarten Dörfer hat er drei Arbeitselefanten im Laufe der Nacht heranführen lassen. Es sind große, mächtige Tiere, die einmal zum Elefantenbestand eines Maharadschas gehörten. Sicherlich haben sie auf ihrem Rücken manchen großen Jäger in den Urwald getragen. Sie wehren sich nicht und trompeten nicht empört, wenn man ihnen einen Sattel mit einem Tragsitz aufschnallt, und gehorchen den Befehlen des Mannes, der auf ihrem Nacken sitzt und mit seinen Füßen hinter ihren Ohren seine Befehle übermittelt, als gehörten sie noch immer zum Troß eines großen Fürsten.

Sammy weiß, was Pharasagaon, seinem alten Jagdgebiet, bevorsteht. Man hat ihm von den großen Plänen der indischen Regierung erzählt, und nun will er noch einmal eine Tigerjagd so wie einst erleben, nämlich eine Jagd mit Elefanten, Lärm und allem, was dazugehört. Mit seinen geistigen Augen sieht er, wie die Jäger jährlich dorthin zu Hunderten zogen, wo es noch Tiger in Indien gibt, tief in die Wälder hinein, um den geladenen Gästen ein einzigartiges Schauspiel zu bieten. Ich verstehe Sammy, seinen Ehrgeiz und seine Sehnsucht, noch einmal eine große Tigerjagd zu inszenieren. Doch ich habe Bedenken um meine Beute! Wird der Eifer, die Jagdlust nicht mit ihm durchgehen, wird er seine Sehnsucht, die Tiger zur Strecke zu bringen, im entscheidenden Augenblick so eindämmen können, daß wir unsere Tiger lebend heimbringen?

Er ist wie im Fieber. Die letzten Positionsmeldungen hat er erhalten. So weiß er jetzt, daß nach menschlichem Ermessen und mit der Götter Gunst die Teufel ihm nicht mehr entgehen können. Er spricht mit einem der Mahuts, und zwar mit demjenigen, der mit dem größten Elefanten zu unserer Jagdgruppe gestoßen ist. Sammy wünscht, daß der Riese ihn bis in die Lichtung hineinträgt, von wo aus er den Schuß, den einzigen Todesschuß, auf seine Beute, den Tiger, abzufeuern gedenkt. Der Mahut bangt um seinen Elefanten, denn er ist mit diesem Tier eng verwachsen, als sei es ein Stück von ihm. Er lebt mit ihm zusammen und schläft bei ihm, so daß sie sich mit allen Schwächen kennen und lieben.

»Ich laß' einen Weg freischlagen bis zur Lichtung. Dein Tier riskiert nichts. Ich bin ein sicherer Schütze. Schließlich heiße ich Sammy Mayadas«, sagt Sammy.
Jedoch weigern sich die Männer mit den Äxten und den Schlagmessern, die den Weg freimachen sollen, an diese Arbeit zu gehen. Sie sehen, wie die Ochsen davonlaufen. Sie beobachten, wie das Geschrei der Vögel plötzlich verstummt, nachdem sie eben noch lärmten und krächzten, ein Zeichen, daß die Gefahr ganz nahe sein muß. Hier – irgendwo im Unterholz – müssen die Tiger bereits sitzen! Aber Sammys Wille ist stärker als alle Bedenken, als jede Angst. Um seinen Begleitern Mut einzuflößen, gibt er ihnen Branntwein und verbrennt vor einem kleinen Götterbild, das er mit in den Dschungel nimmt, ein paar Räucherstäbchen, dabei schwört er, daß er in der Nacht ein Gesicht gehabt habe, das besagte, daß die Expedition glücklich verlaufen wird. Außerdem verspricht er ihnen eine Belohnung. Endlich beginnen sie den Weg freizuschlagen, der von unserem Standort bis zur Lichtung hinüberführt. Über uns wölbt sich der grüne, dichte Dom, der nur an einzelnen Stellen die Sonne durchläßt. Aber dort drüben ist ein riesiger Fleck frei. Ich habe den Eindruck, daß an jener Stelle einmal vor Jahren, Jahrzehnten oder Jahrhunderten ein Taifun über das Land hinweggebraust sein muß. Die Inder freilich sagen, daß es im Dschungel sogenannte Teufelskreise gäbe, wo nichts wächst, nichts blüht, nichts gedeiht, weil irgendwo in der Tiefe unter diesen Teufelskreisen ein böser Geist seine Wohnung habe. Ich erinnere mich, daß ich als Kind solche Teufelskreise hier und da in den Wäldern meiner Heimat entdeckte, merkwürdige Gebilde, auf denen nur gewisse Pilze verschwenderisch gedeihen wollen. Vielleicht sind es geheimnisvolle Strahlen eines Uranlagers in großer Tiefe! Vielleicht ist dort einmal ein Meteor niedergegangen und tief in den Boden eingeschlagen, der längst von der Erde verschlungen und überwachsen wird.
Doch das sind jene Stellen, wohin Sammy seine Tiger, unsere Tiger, haben will. Der Wald dröhnt wider von den

Axtschlägen, nachdem die Männer verlangt haben, daß die Trommler und die Treiber langsam mit ihnen vorrücken, so daß mit ihrem Lärmen und Johlen die Tiger immer weiter zur Lichtung hin verjagt werden. Von Zeit zu Zeit hört man ein Krachen und Knacken im Busch. Diese Geräusche stammen nicht von dem Tiger, den man nicht kommen hört. Ich vernahm den Tiger einige Male in den letzten Tagen und Stunden. Nur die Feuerbrände, die man ihm entgegenwirft, verhindern, daß wir einander plötzlich gegenüberstehen und uns in die Augen sehen.
Der Rauch, das Toben, das Lärmen und Trommeln muß die Tiere, um die es uns geht, zur Verzweiflung gebracht, jedenfalls bis zur Weißglut gereizt haben.
Mir wird klar, daß es ein ungewöhnliches Wagnis ist, diesen Weg zur Lichtung zu schlagen. Früher, unter den Maharadschas, hat man häufig erlebt, daß ein Dutzend Menschen geopfert werden, um im Dschungel eine Allee schlagen zu lassen, auf der man die Tiger auf und ab treibt, bis die Radschas zum Schuß kommen. Ein solches Unterfangen geht nie ab, ohne daß drei oder vier Menschen ihr Leben lassen.
Wird Sammy wirklich wagen, das Leben eines seiner Treiber aufs Spiel zu setzen? Denkt er nicht daran, daß die Zurückgekehrten zu Hause erzählen könnten, unter welchen Umständen ihr Gefährte sein Leben verlor, unter Bedingungen, die eigentlich gar nicht erforderlich waren? Die Zeiten sind anders, ganz anders geworden. Man wird heute auch im Dschungel zur Rechenschaft gezogen, wenn ein Ankläger da ist.
Sammy hat zwar an alles gedacht. Man hat die Tragkörbe auf den Elefanten befestigt. Sammy sitzt im ersten Korb – mit seiner Büchse im Arm. Ich folge auf dem zweiten Tragtier im Korb – nur mit meiner Kamera, einem Fernglas und einer Leuchtpistole bewaffnet. Sammy ist damit einverstanden, daß ich keine andere Waffe mitnehme. Auf diese Weise ist er sicher, daß er der einzige Schütze sein wird. Eine fiebernde Jagdlust leuchtet in seinen Augen auf.

Der Mahut stößt einen leisen Schrei aus, und der Koloß mit Sammy auf dem Rücken setzt sich in Bewegung. Mein Tragtier zögert. Ist es ängstlicher, hat es eine feinere Witterung?
Ich beobachte Sammy. Er hat sich in seinem Tragkorb halb aufgerichtet und hält seine Büchse entsichert unter dem Arm. Jetzt folgt mein Tragtier dem ersten Elefanten langsam, sehr langsam nach. Der Urwald schweigt. Das Geschrei und Gejohle der Treiber hat aufgehört, und zwar haben sie Weisung, erst in dem Augenblick wieder laut zu werden, in welchem einer der Tiger versuchen sollte, in einem riesigen Sprung über die Netze und durch das mit festen Seilen gesicherte Unterholz hindurchzubrechen.
Plötzlich – erlebe ich die größte Überraschung meines Lebens!
Meine Augen sind auf Sammy gerichtet, der sich jetzt in seinem Korb hingestellt hat, während sein Tragtier so ruhig geht, als handle es sich um einen Spaziergang. Dabei ist mir bekannt, daß Elefanten unruhig und nervös werden, wenn sie Tiger wittern, Elefanten haben eine feine Witterung. Plötzlich höre ich einen Schrei. Mein Mahut hat diesen Schrei ausgestoßen. Mit Entsetzen sehe ich, wie einer der Tiger mit einem furchtbaren Satz meinen Elefanten anspringt. Er mußte in grenzenloser Angst oder Wut sein. Ich sehe ihn auf einmal ganz nah vor mir. Er hat einen gewaltigen Sprung bis auf den Rücken des Elefanten getan. Doch findet er keinen Halt und stürzt wieder ab. Der Elefant beginnt zu rasen, zu trompeten, er wirft sich herum, er schlägt mit dem Rüssel nach dem Angreifer. Der Rüsselschlag eines Elefanten kann einen Menschen töten und einem Tiger die Rippen brechen. Ich beobachte, wie der zweite Rüsselschlag den Tiger im Flug trifft und ihn drei Meter zur Seite schleudert.
Der ganze Urwald ist in Aufregung gekommen. Menschen schreien, toben und lärmen. Der Tiger ist auf den Beinen angelangt und setzt nun zu einem neuen Sprung an. Der Elefant will parieren und wirft sich so schnell

herum, daß ich aus dem Tragkorb geschleudert werde. Zwar fühle ich keinen Schmerz, aber ich liege am Boden, vier Meter von dem Tiger entfernt, der plötzlich nicht mehr auf den Elefanten schaut, sondern auf mich. Ich fürchte, daß in jeder Sekunde mein Herz zu schlagen aufhört. Jeder Nerv in mir ist gespannt. Ich wage nicht einmal nach meiner Leuchtpistole zu tasten. Da ich aber im Laufe langer Jahre gelernt habe, daß Raubtiere nur das angreifen, was sich bewegt, verhalte ich mich so ruhig wie ein Toter. Kaum wage ich, meine Augen zu bewegen. Wo aber ist Sammy? Was ist mit Sammy?
Der Tiger starrt noch immer zu mir herüber. Es ist mir nicht möglich, dieses Geschehen so schnell zu erzählen, wie es sich abspielt. Dicht neben meinem Kopf stehen die gewaltigen Stempel der beiden Hinterbeine meines Elefanten. Die Hölle muß im Urwald losgebrochen sein. Jetzt höre ich einen Schuß fallen. Doch in der nächsten Sekunde – oder war es nur der Bruchteil einer Sekunde – sehe ich, wie mein Elefant auf den Tiger zustapft und zweimal mit dem Rüssel nach ihm schlägt, ehe dieser springen kann, um dann mit seinen gewaltigen Füßen den Tiger zu zerstampfen.
Ich atme auf. Aber der Urwald bleibt weiter in Erregung. Jetzt begreife ich die Situation. Der Tiger, der meinen Elefanten angriff, war der stärkste aus der Gruppe der drei oder vier Tiger, auf die wir Jagd machen. Wollte er den anderen den Weg freikämpfen? Das ist möglich, aber wir werden es nie wissen. Wollte er sich für die anderen opfern? Doch weil der Elefant, der mich trägt, ein Held ist, mißlang das Wagnis.
Die anderen Tiger sind weiter in die Lichtung zurückgetrieben worden. Für mich besteht in diesem Augenblick keine Gefahr mehr. Ich sehe jetzt, daß der Elefant, der eben sein Bravourstück vollbrachte, am ganzen Körper zittert – als erlebe er jetzt – nachträglich – die ganze gewaltige Erregung, die er vorher in der vorbildlichen Ruhe eines Dickhäuters nicht erkennen ließ.
Der Mahut redet ihm gut zu, und er beruhigt ihn. Er

nimmt Blätter vom Boden auf, reibt damit das Blut ab und preßt sie auf die Wunden, die der Tiger unserem Helden geschlagen hat.
Aber inzwischen ist die Jagd weitergegangen. Sammy ist aus seinem Tragkorb auf den Boden geglitten. Er betastet mich und erkundigt sich, ob ich heil und gesund sei. Noch zittert er in leidenschaftlicher Jagderregung. Einer seiner Männer hat seine Büchse neu geladen.
»Sie sitzen im Netz!« schreit er mir ins Ohr.
Und jetzt begreife ich, daß diese Jagd für mich nicht nur ein Abenteuer hart am Tod vorbei war, sondern daß meine Beute, unsere Beute, drüben in den Netzen hängt. Diese erfreuliche Nachricht läßt mich meinen Schrecken vergessen, der mir eben noch in den Gliedern saß. Ich sehe, daß die Netze sich geschlossen haben, und daß die Männer in aller Eile mit Hanfstricken die letzten Löcher verengen. Wir hatten uns alle geirrt. Die Gruppe bestand aus vier Tigern, und zwar waren es zwei Jungtiere, ein Weibchen und der Riesentiger, der drüben zerstampft liegt. Glücklicherweise ist sein Fell einigermaßen unbeschädigt. Sammy ist stolz. Er behauptet, daß er von seinem Tragkorb aus den Riesen angeschossen habe, als ich aus dem Korb stürzte, und daß der Tiger nur deshalb am Boden blieb, weil ihm die Flanke zerschossen war.
Ich sehe später im Fell eine Handbreit vom Vorderlauf entfernt einen Einschuß. Das ist ein großartiger Herzschuß, aber die Flanken sind heil. Ein Tiger kann tausend Meter laufen, wenn er angeschossen ist, er kann hundert Meter laufen, selbst wenn er einen Herzschuß erhielt.
Doch ich bin mit dem Leben davongekommen. Ich will, ich muß das Abenteuer vergessen, von dem ich später vielleicht noch träumen werde.
Neben mir steht mein Jagdhelfer, der Inder mit dem Rot-Kreuz-Kästchen. Sammy schaut mir verwundert zu. Ich lade meine Pistole, eine besondere Luftdruck-Pistole, die für diesen Zweck konstruiert wurde, und lege die Geschosse ein, wie Sammy sie nie sah. So nähere ich mich den Netzen.

Die Inder lassen kein Auge von mir. Was geschieht, ist für sie wie ein Wunder. In den Netzen toben drei wundervolle große, starke Tiger, noch nicht ganz ausgewachsen, jedenfalls was die beiden jüngsten angeht. Von den weiblichen Tigern ist man gewohnt, daß sie sich meist schnell anpassen. Die Beute ist genau das, was der Zoologische Garten von San Franzisko von mir erwartet.
Die »Teufel«, wie man sie gestern noch nannte, beobachten uns mit mißtrauischen, lauernden und gleichzeitig angstvollen Augen. Sie warten wohl auf irgend etwas Furchtbares, das nun mit ihnen geschehen wird. Bald der eine, bald der andere bäumt sich auf, tobt gegen die Seile, gegen die Netze, in die er sich bestenfalls immer tiefer verstricken kann.
Dann gebe ich vorsichtig und gut gezielt meine drei Schüsse ab – in die Flanken der Tiere hinein. Man kann sehen, wie Sekunden später das geheimnisvolle Gift der Betäubung schon zu wirken beginnt. Die Glieder werden schlaff, der Kopf fällt zur Seite. In einer jähen Auflehnung gegen dieses Schicksal der Betäubung versucht das Weibchen, sich immer wieder zu wehren und sich aufzuraffen. Aber dann wird auch es, die Stärkste unter den dreien, matt, müde und schläft ein.
Ich hatte mit Sammy Mayadas verabredet, daß, für alle Fälle, vorbereitend schon Käfige aus starkem Holz, aus Bambus, gebaut würden. Doch er war mißtrauisch und abergläubisch. Er wollte nicht Käfige bereitstellen für Tiere, die er noch nicht in seiner Gewalt hatte. Doch jetzt beginnt man in aller Eile Bäume zu fällen, Bambus zu schlagen, Holz herbeizuschaffen. Mit den Seilen, die nicht mehr benötigt werden, verschnürt man die Hölzer, dichtet die Streben ab und baut für jedes der drei Tiere einen schönen kleinen Kasten, der aber doch groß genug ist, um dem Tier zu gestatten, sich zu erheben, sich zu strecken, sich umzudrehen. Diese Käfige müssen bis Kalkutta halten. Nach Raipur schaffen wir sie auf einem Last-

wagen, den wir bis zu einer abgemachten Stelle kommen lassen, und bis dorthin bringen wir sie Stück für Stück mit dem Jeep.

So planen wir's. Aber das Schicksal und die Kraft der Tiger will manchmal anders, als die Menschen es im Sinn haben.

Sammy wittert das große Geschäft. Er spricht mir von Schlangen, die in der Nähe zu finden seien, die größten Kobras, die man je gesehen hat. Darum beschließe ich, nach Raipur dem Tigertransport nachzufahren. Die Schlangen reizen mich, denn mir ist ein großes Terrarium bekannt, eine Riesenanlage in Philadelphia, wo man begierig auf schöne Kobras sein könnte. Doch jetzt bedauere ich, dem Lockruf Sammys gefolgt zu sein.

Wir reiten dreißig Kilometer südlich von Pharasagaon in eine Lichtung, in der ein merkwürdiges Dorf steht. In diesem Dorf leben nur Menschen, die sich seit Generationen mit Schlangenbeschwörung beschäftigen. Sie haben wirklich die schönsten Kobras, die ich je sah. Doch wollten sie sich von ihren Tieren nicht trennen und möchten mit ihnen auf die Weltreise gehen; denn sie fürchten die Rache der anderen Kobras, die sofort fühlten, wenn einer von ihnen gestorben sei.

Auf dem halben Rückweg nach Pharasagaon begegnet uns ein Inder, der erregt und erhitzt mit den Armen fuchtelt. Sammy wird grau vor Schreck, als er schreit: »Einer der Tiger ist ausgebrochen!«

Wir können natürlich gar nicht schnell genug zu der Unglücksstelle kommen. Doch es dauert viele Stunden, dabei macht man sich seine Gedanken, denn ich hätte diesen Transport nie allein auf die Reise gehen lassen dürfen. Mein indischer Helfer, den ich aus Kalkutta mitnahm, liegt schwerverletzt am Straßenrand. Er sitzt vorn neben dem Chauffeur, der den Lastwagen fährt, als er sieht, daß die Tigerin, das stärkste der drei Tiere, mit Tatzen und Zähnen den Käfig so erfolgreich bearbeitet, daß sie die Stäbe auseinanderdrängt und sich mit Kopf und Brust aus dem Käfig davonzumachen versucht.

Mein indischer Helfer ist mutiger, als ich je von ihm erwartet habe. Mit viel Energie und Geistesgegenwart ist er bemüht gewesen, mit eisernen Stangen das Tier in den Käfig zurückzudrängen. Jedoch hat er nicht mit der ungeheuren Kraft eines Tigers gerechnet. Das Tier schlägt ihm die Stange aus der Hand. Diese Stange prallt ihm gegen die Brust und zerschlägt zwei Rippen. Dann hat die Tigerin das Weite gesucht.
Meine Freude als Tierfänger, einen Auftrag gleich auf den ersten Gang voll erfüllt zu haben, ist erheblich getrübt. Ich muß Ausschau halten nach einem dritten Tiger. Meine ganze Hoffnung ist, daß in einem der kleinen indischen zoologischen Gärten, die in den letzten Jahren hier und da eingerichtet wurden, ein Tier zum Verkauf oder zum Tausch steht. Ich habe in Kalkutta in einem Lager fünf schwarze Panther untergebracht. Schwarze Panther sind selten. Das ist meine letzte Hoffnung. Im übrigen muß ich Sammy Mayadas die Tigerin überlassen. Er wird sie irgendwann erlegen müssen, es sei denn sie kehre wieder in ihre frühere Welt zurück und gehe wieder auf die Jagd nach dem Wild, das sie auf freier Bahn holt und schlägt, es sei, sie entsage der bequemeren Lebensweise, die sie durch ihren schönen und nun toten Gatten kennenlernte, nämlich die Kühe und die Ochsen armer indischer Bauern zu schlagen im Vertrauen auf die Angst und den Aberglauben, welche die Inder meist daran hindern, die Tierfänger oder den Jäger zu Hilfe zu rufen.

In höchster Not!

Aber manchmal geht es nicht anders. Man kann nicht warten, bis ein Regierungsbeamter ins Dorf kommt. Da schickt man einen Mann zur nächsten Polizeistation und bittet um einen Policeman, der mit einer starken Büchse kommt, um den Tiger zu erlegen, der großes Unheil anrichtet.
Ich habe meinen Tiertausch in Kalkutta gut zu Ende gebracht und habe meine Tiger nach San Franzisko ver-

frachtet. Jetzt berichtet man mir, daß unweit von Madras ein Tiger aufgetaucht sei, ein Königstiger, das größte, das furchtbarste Wesen dieser Art, das man je sah. Ein europäischer Tierpark hatte mich ersucht, für einen Riesenzwinger einen Tiger zu fangen, der durch seine Art, durch seine Gestalt imponiere. Ich weiß aus der Anfrage, daß man einen Königstiger sucht. Man hat ihm diesen Namen gegeben, weil er die Königswürde unter allem anderen Großwild für sich beanspruchen kann.

Seine Gestalt zeigt alles, was ein Wesen an Adel und Respekt zu verraten vermag. In ihm sitzen Kraft, Mut, Wildheit, verbunden mit großartigen muskulösen Formen und Eleganz in den Bewegungen.

Wir kennen drei Arten von Tigern – den Java-Tiger, den Sibirischen Tiger und den Bengalischen Tiger. Dem Bengalischen Tiger gibt man heute in seinen größten und schönsten Exemplaren den Namen »Königstiger«. Jene Meldung aus Madras verrät mir, daß man ein ganz besonders schönes Exemplar von fast drei Metern Länge gesichtet hat. Bei einem solchen Tiger leuchten die rostgelben Farben zwischen den unregelmäßigen schwarzen Querstreifen bei weißer Unterseite und weißen Innenseiten der Gliedmaßen grell hervor.

Ich versäume keine Zeit. Aber in Madras erzählt man mir, daß der Tiger in der Nähe von Guntur beobachtet wurde. Natürlich reise ich nach Guntur. Es ist eine wahre Himmelfahrt. Eine höllische Hitze erfüllt die Luft. Auf den Landstraßen, auf den elenden Feldwegen kann man kaum atmen. In Guntur weiß man, daß der unheimliche Tiger zwischen den Dörfern Kondruped und Jenamadala gesehen worden ist.

»Drei Jäger haben schon versucht, ihn zur Strecke zu bringen. Der Tiger ist zu klug, zu schnell und klüger als andere Tiger und vergreift sich an Tieren und Menschen. Man sagt, daß er schon sieben Menschen getötet habe. Einer, der mit dem Leben davonkam, erzählt, er habe gesehen, daß der Tiger ein Halsband trage, und zwar ein ledernes Halsband mit blauen Steinen besetzt.«

Sibirischer Tiger

Dieser Bericht macht mich stutzig. Wenn das Tier ein Halsband trägt, dann war es längere Zeit in menschlicher Gewalt, dann hat es den Menschen kennengelernt und weiß um dessen Witterung. Das ist auch wohl der Grund, weshalb bisher niemand dieses Tier zur Strecke bringen konnte. Ich werde um so neugieriger. Es reizt mich, gerade diesen Giganten in meine Hand zu bekommen, ohne ihn zu töten. Natürlich muß Menschenlist angewandt werden. Deshalb gebe ich auf dem schnellsten Weg, der mir hier in Indien zur Verfügung steht, Sammy Mayadas Nachricht. Er soll mir helfen, den Tiger mit dem Halsband einzubringen. Inzwischen untersuche ich, während Sammy über Madras zu mir reist, das fragliche Gelände. Es ist ein Gemisch von Dschungel, Rohrdickicht und Steppe. Manchmal liegen die Orte der Schreckensmeldungen über das Wüten dieses Tieres innerhalb von 24 Stunden um vierzig Kilometer auseinander. Aber das

wundert mich nicht. Ein Tiger kann, ohne zu ermüden, wenn er irgendwo Gefahr wittert oder sich verfolgt wähnt, in einer Nacht vierzig Kilometer im gestreckten Lauf zurücklegen.
Er kann in reißenden Strömen schwimmen, auf Bäume klettern, von Fels zu Fels springen. Schließlich ist er eines der stärksten unter den Säugetieren. Nur Elefanten, wilde Büffel und Nashörner scheinen einigermaßen vor ihm sicher zu sein.

»Er hat den Verstand verloren!«

Ich versuche, mich an seine Spur zu heften, und will ihm auf der Fährte bleiben, um wenigstens Sammy, wenn er kommt, alle notwendigen Angaben für die Anlage der Fallgruben, der Käfige und der Netze machen zu können. Aber – werden unsere Netze auch für diesen Riesen halten, der vom Kopf bis zur Schwanzspitze drei Meter lang ist?
Bei dieser Überlegung mache ich mir meine Gedanken über das Halsband mit den blauen Steinen. In Europa und selbst in Amerika würde man ein Inserat aufgeben – über Rundfunk und über Fernsehen eine Nachricht hinausschicken mit der Anfrage: »Wer legte je einem Tiger ein ledernes Halsband mit blauen Steinen an?«
Doch eine solche Umfrage würde in Indien Jahre brauchen, um von einem Winkel des großen Landes bis zum anderen Ende zu dringen. Überall, wohin ich komme, wo ich seine Spur auftue, bietet sich mir das gleiche Bild, nämlich:
Daß er seine Beute, wie es sich für einen klugen Tiger gehört, lautlos beschlichen hat, daß er sich mit einem gewaltigen Satz auf sie gestürzt und mit seinen furchtbaren Pranken niedergeschlagen und dabei vielleicht die Schlagader zerrissen hat, seine Beute – ein Rind, eine Kuh, die Hälfte des Ochsen mit sich fortzerrend. Tiere, die so groß und so schwer sind wie er selbst, scheinen ihm kaum Schwierigkeiten zu bereiten.
Wochenlang hatten die Inder im Gebiet der Dörfer von

Jenamadala und Kondruped den Tiger erduldet aus der abergläubischen Furcht heraus, daß dieser Riese kein wirklicher Tiger sein könne, sondern wohl ein echter Teufel sei, ein zürnender Gott, der in das Fell eines Tigers fuhr. So nahmen sie sein Erscheinen als eine Strafe des Himmels für irgendeine Tat, die dem Himmel mißfiel.
Endlich ist Sammy da. Ich habe mir schon selbst meinen Plan gemacht, denn ich habe festgestellt, daß das Tier nach einem bestimmten Rhythmus in einem Gebiet, das im Querschnitt etwa achtzig Kilometer messen dürfte, ununterbrochen in Bewegung ist. Aber dieser Tiger jagt nicht auf der freien Wildbahn, sondern er zieht buchstäblich von Dorf zu Dorf. Er schlägt Menschen und Tiere nieder, wo er sie findet.
Wir müssen für ihn einen großen Köder um die Zeit irgendwo auslegen, in der er nach meinen Berechnungen und Beobachtungen wieder auftaucht. Möglicherweise scheint es mit dem Mondstand, dem Neumond und Vollmond zusammenzuhängen. Der Tiger läuft im Kreis. Ich spreche mit Sammy, der darüber nicht erstaunt ist, denn ihm ist bekannt, daß viele Tiere dem Mond gehorchen.
»Scheinbar hat der Tiger den Verstand verloren!«
Das ist alles, was Sammy zu sagen weiß. Aber vielleicht ist es wirklich die richtige Erklärung. Ein wahnwitziger Tiger mit einem ledernen Halsband mit blauen Steinen auf der Jagd nach Tier und Mensch und allem Lebenden . .
Sammy hat mir von jener Tigerin, die er inzwischen erlegte, die Schnurrhaare mitgebracht. Denn er spricht mir mit der Fairneß des alten Jägers das Tier zu. Dabei sagte er: »Trag' diese Schnurrhaare in deiner Brusttasche, trag' sie auf deinem Herzen, dann wird dir nichts passieren. Der Tiger, der dich angreifen will, sieht plötzlich in dir, wenn er im Begriff ist, dich anzuspringen, ein Tigerweibchen – und schreckt zurück. Ich sehe, daß du lächelst! Wir sind durch die Jagd und durch die Gefahren, die wir gemeinsam durchgestanden haben, Brüder geworden. Ich würde es nicht wagen, dir eine Lüge aufzubinden. Die spare ich auf für die feinen Jäger, die manch-

mal in unsere Gegend kommen und nach einem Tiger Ausschau halten.«

Sammy zweifelt an dem Gelingen, diesen Riesen in eine Falle zu bringen. Die Erdgrube muß sehr tief sein, um dem Tiger nicht die Möglichkeit zu geben, sich mit einem gewaltigen Satz wieder in die Freiheit zu retten. Die Falle müßte sehr groß sein, sehr lang, um diesen Giganten aufzunehmen; ganz abgesehen davon, daß er nicht einmal den Stahlstäben aus Kalkutta zutraut, einen Riesen von dieser Größe festzuhalten. Jetzt frage ich Sammy: »Hast du meine Pistole mit der geheimnisvollen Flüssigkeit vergessen, Sammy?«

»Ich vergaß sie nicht«, antwortete er, »aber wer will sich an diesen Unhold so nahe heranwagen, daß man ihm das Gift durch das Fell in seine Flanken schießen könnte! Außerdem fürchte ich, daß sein Fell dichter und dicker ist als dasjenige irgendeines Tigers, den wir je sahen.«

Ich teile den Pessimismus Sammys nicht, denn ich wittere die interessanteste Beute meines Lebens, nämlich einen Man-Eater, einen Tiger, der Menschen und Tiere schlägt, mit einem Halsband mit blauen Steinen. Ich nehme mir vor, unter allen Maharadschas Indiens, die in diesem einst so romantischen Märchenland noch leben, Umfrage zu halten. Dazu ist zunächst erforderlich, daß wir den Tiger fangen, um dessen Halsband und um dessen Fell es geht.

Zehn Tage arbeiten wir in den heißesten Mittagsstunden. Wir rechnen damit, daß der Tiger sich nicht anschleicht und uns nicht belauscht, er also von unserem Tun und Lassen keine Ahnung hat, wie der Herrichtung der Fallen, dem Ausschachten der Gruben, die wir mit angesägten Bambusstäben bedecken, die wiederum mit Tannenzweigen belegt werden.

Doch mitten auf der Grube sind die Stäbe so fest angebracht, daß dort ein blökendes Zicklein stehen und um sein Leben jammern kann. Das arme kleine Wesen tut mir leid. Aber je lauter es schreit, um so sicherer können wir sein, daß es den Riesen anlockt, der in einem bestimmten Augenblick seiner Freßgier nicht mehr widerstehen kann,

das Zicklein angreift, aber mit ihm zusammen in die Grube stürzt, da die angesägten Stäbe unter seinem Gewicht zerbrechen.
Wir haben am Rand des Dschungels ein Rind angebunden, das noch kläglicher nach dem Muttertier jammert als jenes Zicklein. Dieses Rind steht scheinbar in einem Dickicht, das jedoch tief herunterhängt und nichts anders als eine gutgetarnte Falle bedeutet.
Wir sitzen auf einem Baum – 12 Meter von jener Stelle entfernt. Eine Schnur, die wir durch eine Liane getarnt haben, führt zu unserem Hochsitz hinauf.
Wenn nun der Tiger das Rind jammern hört, sich in das Dickicht hineinwagt und die Falle nicht wittert, – dann brauchen wir nur die Schnur durchzuschneiden, um in Sekundenschnelle eine Tür zufallen zu lassen, die auch der stärkste Tiger nicht zu heben vermag.
Wir warten mit Ruhe und Geduld. Nächtelang sitzen wir auf unserem Hochsitz. Sammy ist geduldiger als ich. Den Glauben an meine Theorie der Mond-Wanderung des Tigers habe ich schon fast aufgegeben. Schon am Nachmittag, wenn die Sonne noch hoch steht, wird der Sitz bestiegen, um dort bis zum Sonnenaufstieg am anderen Morgen auszuharren. Sammy hat für alle Fälle seine Büchse mitgenommen. Er meinte: »Wenn der Tiger nicht in unsere Fallen geht, dann muß ich ihn abschießen, um meiner Pflicht und meiner Aufgabe zu genügen. Er hat zuviel Unheil angerichtet. Ein Wahnwitziger, der den Verstand verloren hat, muß erledigt werden!«
Ich gebe Sammy in meinem Herzen recht. Aber ich möchte nicht nur das Fell dieses Riesen mit heimbringen, sondern ihn lebendig fangen. Vielleicht gelingt es doch, ihn zu überlisten.
Inzwischen ist die siebente Nacht hereingebrochen. Wir hocken wie immer auf unserem Hochsitz. Meine Beine sind steif. Die Nacht ist schon fast vorüber. Gegen Morgen sind meine übermüdeten Sinne auf einmal hellwach. Sammy hat meine Hand berührt, um mir zu verstehen zu geben, daß er mit seinem unheimlich feinen Ohr etwas

gehört habe. Gespannt lausche ich in den Morgen hinein. Noch kann ich die Schatten der Nacht von der Wirklichkeit nicht unterscheiden. Aber ich höre ein leises Tapptapp-tapp.

Jetzt sehe ich, wie Sammy sich vorbeugt. Er hatte vor zwei Tagen unseren Scheinwerfer vom Jeep abmontiert und am Hochsitz aufgebaut.

Plötzlich beobachte ich, wie er den Scheinwerfer einschaltet. Im nächsten Augenblick wird mir klar, daß Sammy einen genialen Gedanken hat. Der Tiger schrickt zusammen. Der Tiger will sich vor dem Licht in Sicherheit bringen. Er flüchtet nach vorn und – in die Falle hinein.

Mit raschem Schlag kappe ich die Schnur. Die Falle fällt dröhnend zu. Sammy, der sonst so Bedächtige, der Feierliche, der Ernste, führt einen wahren Freudentanz auf unserem Hochsitz auf, so daß er fast herunterfällt.

Sechs Stunden hören wir den Giganten in der Falle toben. Inzwischen haben wir den größten Käfig gebaut, der jemals in einem Umkreis von 200 Kilometern rund um Guntur konstruiert wurde. Alle erreichbaren Eisenstangen haben wir aufgekauft. Erst jetzt gehen wir daran, die Laubtarnung von unserer Falle abzubauen, und jetzt erst wagen wir uns an den Riesen, der in ohnmächtiger Wut längst das Rind bis auf den letzten Fetzen zerrissen hat und nun seine Angst, seine Todesfurcht, seine Tobsucht an den Stangen und den Seilen ausläßt, die sein Gefängnis bilden.

Erst jetzt kann ich so nahe an ihn herankommen, daß ich ihm die betäubende Spritze in die Flanke zu schießen vermag. Doch ich bin vorsichtig. Da eine Ladung für diesen Koloß nicht genügen dürfte, schicke ich eine zweite hinterher.

Jetzt erinnere ich mich mit Schrecken an einen guten Freund, den ich vor Jahren dadurch verlor, daß er einen vortrefflichen Herzschuß auf einen Tiger abgefeuert zu haben glaubte und hinzulief, um seine Beute zu betrachten. Doch diese Beute hatte sich nur tot gestellt. Freilich

saß der Tod in diesem Tier. Doch es war noch stark genug, den Mann niederzureißen und zu zermalmen.
Aber nun schläft unser Tiger. Wir brauchen zwölf Leute, um ihn in seinen großen, schönen Transportkäfig hinüberzuschleppen, und jetzt kann ich das Halsband betrachten. Der Beobachter, der dieses Band in höchster Todesnot sah und beschrieb – hatte sich nicht geirrt.
Es ist ein Halsband aus feinstem Saffianleder mit großen, blauen, wertvollen Steinen und einem Zeichen am Schloß. Dieses Zeichen erinnert mich an eine Marke, die ich einmal irgendwo gesehen habe, die ich auf einem Zirkusplakat sah. Jetzt ist mir alles klar. Vor vielen Monaten war ein Zirkus, der von Madras nach Bombay sollte, mit dem Zug unterwegs, als auf dem Bahnkörper die Lokomotive und zwei Wagen entgleisten. Dabei wurde der Tigerkäfig zum Teil zertrümmert. Einer der Tiger entsprang und flüchtete in den Dschungel. Der Besitzer des Zirkus hatte diesen Vorfall, das heißt das Verschwinden des Tieres, verheimlicht, um keine Ungelegenheiten mit den Behörden zu bekommen, und erklärt, der Tiger sei bei dem Unfall umgekommen. Dabei wies er irgendein Tigerfell vor, das er käuflich erworben hatte. Der Tiger aber, der im Zirkus die Glanznummer in der Dressurdarbietung war, wurde im Dschungel wieder wild. Alle Instinkte, die man ihm in sorgfältiger Dressur verdrängt hatte, brachen in ihm wieder auf – furchtbarer, gewaltiger denn je. Offenbar rächte er sich an den Menschen, die ihm viele Jahre der großartigen Freiheit in den Wäldern geraubt hatten, als sie ihn hinter Gitter setzten.
Jetzt würde er wieder wach werden und plötzlich glauben, daß das ganze schöne Märchen von seiner Freiheit nur ein schöner Traum gewesen sei und nichts anderes.
Ich begleite meinen Tiger nach Madras und reiche ihm selbst durch die Gitterstäbe hindurch die blutigen Fleischstücke, die er mir entreißt, bevor ich auch nur die Gabel mit dem Fleisch durch die Stäbe gezwängt habe. Er frißt in angstvoller Gier. Gäbe man ihm soviel wie er will, wir würden ihn niemals satt machen können.

Dieser Tiger ist meine schönste Beute, wenn ich auch Zweifel darüber habe, ob es auf die Dauer gutgehen wird. Vielleicht ist seine Sehnsucht nach der Freiheit, die er sich schon einmal erkämpfte, so groß, daß er plötzlich in einen Hungerstreik tritt oder vor Heimweh zugrunde geht. Doch ich tröste mich vor meinem eigenen Gewissen mit dem Gedanken, daß ich ihn letzten Endes vor Sammys Todeskugel bewahrte.

Zwischen Leoparden und Panthern

Ich sagte, daß ich zusammen mit den drei Tigern für den Zoo von San Franzisko auch schwarze Panther auf den Weg gebracht habe, und deutete mit wenigen Worten an, daß diese Tiere in den letzten Jahren selten geworden sind. Schwarze Panther werden mit Gold aufgewogen. Damit sind wir bei der zweiten und interessantesten und gefährlichsten Katzenart, der wir in Indien, in Südostasien begegnen. Ich kenne auf dieser Welt nur eine einzige Frau, die amerikanische Schriftstellerin Helen Martini, die in ihrer Küche Panther aufzieht, die sie dann an den Bronx-Zoo weiterreicht, wenn sie gut angeschlagen sind. Sie hat es zustande gebracht, den schwarzen Leoparden Bagheera mit der Flasche großzuziehen, zu zähmen, zu einem folgsamen kleinen Lebewesen zu machen, zu einem schwarzen Riesen, der sich dem Gebot seiner Herrin unterwarf.
Man erzählte mir von einer Bildhauerin Madeleine Park, die schwarze Panther und Tiger modelliert. Sie hat die Käfige in ihrem Garten nur bereitgestellt für die Stunden, in denen Besucher kommen. Sonst tollt sie mit ihren Bestien, als seien es ihre liebsten und zartesten Haustiere. Ist es nur Frauen gegeben, in die Tiefe der Seele der Tiere auf dem Weg über die Mutterliebe so einzudringen, daß die Tiere ihre Wildheit verlieren?
Was es heißt, mit einem schwarzen Panther zu spielen, ihn überhaupt zu zähmen, das vermag nur der zu beurteilen, der je mit diesen sonst so unheimlichen Tieren zu tun hatte.

Vorerst einige grundsätzliche Feststellungen, ehe ich von meinen Erlebnissen und Jagdabenteuern mit schwarzen Panthern berichte.

Wir unterscheiden in der Zoologie den Panther, den Leoparden, den schwarzen Panther und den Geparden. Den Geparden nennt man meist den Jagd-Leoparden. Denn er wurde für die Jagd abgerichtet, wird an vielen Plätzen in Vorder- und Hinterindien als Haustier gehalten und kann am leichtesten unter allen Katzenarten gezähmt werden.

Der Panther ist viel größer und stärker als der Leopard. Im Durchschnitt wird er 2 Meter lang. Der Leopard bringt es höchstens auf 1,60 Meter. Der Panther ist lebhafter gefleckt als der Leopard. Ich kann mich des Eindrucks nicht erwehren, daß es sich um die gleiche Rasse

Leopard-Panther mit Jungen

unter den Katzen handelt mit kleinen Artunterschieden, die aber nicht einmal bis zu den Charaktereigenschaften und den Lebensgewohnheiten reichen.
Vor hundert Jahren waren schwarze Panther in Indien sehr häufig. Heute trifft man sie nur noch selten an, sie verkriechen sich im tiefsten Dschungel und scheuen den Menschen. Die schwarzen Panther, die ich für europäische, australische und amerikanische zoologische Gärten fing, holte ich in Indonesien, auf Java und auf Sumatra.
Ich bin wieder einmal auf der Suche nach jungen Tigern, die ich lebendig fangen möchte, und durchstreife das Gebiet südlich von Bangalore, wo sich die herrlichen Urwälder von Mysore erstrecken. Ich halte in den Dörfern Umfrage. Doch man weiß von keinem Man-Eater, den man los sein möchte, von keinem Dorf-Tiger, dem man seinen Tribut regelmäßig zollt. Doch merke ich in der Unterhaltung in einer kleinen Ortschaft, daß die Leute etwas bedrückt sind. Sie wollen jedoch nicht mit der Sprache heraus. Am Abend suche ich Unterkunft in einem Rasthaus, das für die Überland-Reisenden mit viel Geld und guten Worten an einer strategischen Straße errichtet worden ist. Spät am Abend kommt der Dorfälteste, dessen kluges, faltiges und eindrucksvolles Gesicht mir gut in Erinnerung geblieben ist. Er erzählte:
»Tiger gibt es bei uns nicht. Wir haben seit langem keinen gesehen. Es gab einmal einen. Aber das war nur ein böser Geist, der dann wieder verschwand. Doch wir haben andere Sorgen. Es sind Leoparden, die uns belästigen. Wir wissen zwar nicht, wie viele es sind. Sie sind schnell, dunkel wie die Nacht; sie kommen und verschwinden, ehe wir auch nur in der Lage sind, einen Feuerbrand anzuzünden, um sie zu verscheuchen.
Wenn der große Jäger bereit wäre, uns von diesen Leoparden zu befreien, ohne daß die Geister der toten Leoparden über uns kommen und vielleicht noch schwereren Schaden anrichten, dann wären wir dem großen Jäger für immer dankbar.«
Jetzt erfahre ich die ganze Wahrheit. Jeden Tag tauchen

einige, manchmal sogar drei schwarze Leoparden auf und holen ein oder zwei Lämmer. Doch kommen sie nicht am Tag, sondern in der Nacht. Dann beschleichen sie das Dorf und brechen in die Ställe ein. Sie sind sehr mutig und stark genug, alle Hindernisse zu überwinden, haben keine Angst vor Lärm und fürchten nicht einmal Licht und Feuer.

Ich erkläre mich bereit, den armen Leuten zu helfen. Aber mir ist mit toten Leoparden nicht gedient; ich will sie lebend in meinen Besitz bringen. Die Einwohner schütteln die Köpfe, denn sie glauben nicht, daß man einen Leoparden, vor allem aber einen schwarzen Leoparden, lebend fangen kann. Wer möchte es wagen, sich mit einem solchen starken, muskulösen und sehr geschmeidigen Tier einzulassen, das dazu noch ein großartiger Springer und sehr gefräßig und blutdürstig ist. Deshalb schrecken sie zurück vor dem Wagnis, beim Fangen der schwarzen Teufel mitzuwirken, obgleich ich ihnen gut zurede, denn ich möchte es ihnen schmackhaft machen. Mich reizt die Beute, sie aber fürchten die Gefahr. Denn die alten Leute erzählen, daß Panther und auch Leoparden nur zurückhaltend sind, solange sie großen Menschen gegenüberstehen. Doch, wenn man sie reizt und sie sich rächen wollen, fallen sie über Kinder und hilflose Leute her.

Meine Verhandlungen mit den Leuten dauern einen ganzen Tag und eine halbe Nacht, denn ich bin derjenige, der von diesen einfachen Menschen etwas will. Ich mache also mein Angebot für die Hilfe, die sie mir leisten sollen. Sie wittern sofort, daß ich die Leoparden irgendwo verkaufen will. Trotz aller Schwierigkeiten bauen wir eine großartige Falle, wobei ich die ganze raffinierte Technik anwende, die Sammy beim Fangen der Tiger angewandt hatte.

Zunächst werfen wir eine Grube aus, die wir so ausschachten, daß die Wände nach innen schräg abfallen. In einer solchen Grube kann der Panther oder Leopard nicht nach oben springen, nicht den Rand erreichen, sofern die Grube tief genug ist.

Ich muß sogar das letzte Zicklein den Dorfbewohnern abkaufen, die mir zunächst aber Schwierigkeiten bereiten, weil sie nun auf einmal vergessen haben, daß sie sonst zwei oder drei Lämmer durch die Leoparden an jedem Tag verloren.

Wiederum liege ich am Rand des Dschungels und warte. Ich lausche und höre doch nur, wie der Urwald rings um mich her erwacht. Ich sehe die Leuchtkäfer, die einander ein Stelldichein zu geben scheinen und merkwürdige Reigen vor meinen Augen aufführen.

Heller Mond scheint über dieser tropischen Märchenwelt. Ich höre das Locktier, das kläglich über der Grube schreit, weil es Angst hat vor dem Mond, weil es sich vor seinem eigenen Schatten fürchtet, weil es sich auf einmal so verlassen vorkommt.

Ich habe mein Versteck gut gewählt. Neben mir sitzt der Dorfälteste, der es für seine Pflicht hält, mir die Zeit zu vertreiben. Aber er schläft bald ein, und ich muß ihn ab und zu wecken, damit er durch sein Schnarchen nicht den Räuber warnt, auf den wir warten.

Ich sehe auf die Uhr und stelle fest, daß wir uns schon der dritten Morgenstunde nähern. Es ist nun einmal das Schicksal der Jäger und der Tierfänger zu warten; ich weiß auch, daß es die größte Tugend der Erfolgreichsten unter den Tierfängern sein soll, in der Geduld nicht zu erlahmen.

Ich möchte mir die Beine vertreten, die vom Liegen in der Dunkelheit in unserem engen Versteck steif geworden sind. Meine Müdigkeit ist schon so groß, daß es mich Mühe kostet, mich der Insekten zu wehren, die mich summend umkreisen und mir ein Lied vorsingen, das ich nur zu gut kenne. Es endet damit, daß ein Dutzend dieser Insekten sich plötzlich auf mich stürzt und von mir ihren Blut-Zoll fordert.

Eben will ich mich erheben, da merke ich, daß unser Locktier unruhig geworden ist. Es steht starr, steif und schaut immer in eine Richtung. Zwar sehe ich noch nichts, und wahrscheinlich sieht dieses unglückliche kleine Wesen

auch nichts; aber es ahnt oder wittert die Gefahr. Doch jetzt ist es soweit:
Im hohen Gras erscheint plötzlich etwas Dunkles, Schlankes, Langgestrecktes. Es ist wie ein Schatten, der durch den Morgen geistert, gefolgt von einem zweiten Schatten. Scheinbar trauen sie der Beute nicht, die ihnen so freigebig präsentiert wird. Doch ihre Freßlust, ihre Blutgier ist stärker als ihre Vorsicht. Sie haben nach allen Seiten gelauscht und gesichert. Aber ich liege so in meinem Versteck, daß der Wind die schwarzen Schatten nicht warnen kann. Doch plötzlich geschieht das, was ich in meinen kühnsten Träumen nicht zu erwarten wagte. Beide Leoparden setzen im gleichen Augenblick zum Sprung an. Beide wollen auf einmal die gleiche Beute, das gleiche Opfer, aber sie stürzen auch beide mit dem Beutetier in die Tiefe. Ich höre, wie sie sich dort unten in der Grube um das Beutetier katzbalgen und prügeln. Einen Augenblick warte ich noch, weil ich glaube, einen dritten Schatten gesehen zu haben. Doch die Müdigkeit nach der langen Nacht haben mich wohl getäuscht.
Zwei schwarze Panther, zwei Schwarz-Leoparden, wie man sie in Indien nennt – auf einen Streich! Die Beute ist großartiger, als ich erwartete. Das ganze Dorf bestaunt mich wie einen Helden. Man hält mich für einen Magier, als ich nach einigen Tagen daran gehe, die etwas ermatteten Tiere in der Grube zu betäuben, um sie sicher bergen zu können. Selbstverständlich hätte ich in die Grube ein Netz legen können, wie ich es einmal auf Java versuchte. Doch da kletterte eine dieser Katzen an den Maschen des Netzes hoch und verschwand. Die andere schnürte sich eine Tatze in ihrem wilden Kampf mit der Verstrickung, in die sie geriet, so ab, daß sie wohl zeitlebens ein wenig auf dieser Pfote hinken würde, ganz abgesehen von der Schweifspitze, die sie sich unheilvoll knickte.
Der Weg der Betäubung, den mir die moderne Medizin wies, ist der humanere, der menschlichere gegenüber dem Tier, das wir schließlich für unsere Zwecke und gegen den Wunsch und den Willen des Tiers uns untertan machen.

Es ist der bittere Weg aus der Freiheit in die Gefangenschaft. Jedesmal, wenn ich in unbekümmerter Fröhlichkeit eine Jagdexpedition antrete, um die Wunschzettel der zoologischen Gärten und der Tierparks zu erfüllen, dann beschleicht mich beim Abschluß meiner Fahrten eine seltsame Traurigkeit. Vielleicht strahlt sie auf mich über aus den Augen der Tiere, die ich draußen holte und von denen ich weiß, daß sie ein gutes, ein besseres Leben haben werden als auf der freien Wildbahn, wo sie eines Tages elend verenden müssen oder das Opfer anderer, stärkerer Tiere werden.
Tiger und Leoparden und Panther sind für mich immer die Gegner gewesen, mit denen ich mich auf eine Stufe stellte, weil ihre Kraft und ihre Gewandtheit, ihr Instinkt und ihre Klugheit sie davor hätten bewahren können, meine Beute zu werden.

Unheimliches Wiedersehen

Ich habe ein unheimliches Wiedersehen mit einem Tiger gefeiert, den ich in Südindien fing und den ich gleichzeitig mit einem schönen Leoparden nach Frankreich lieferte. Man hatte mir versprochen, daß beide Tiere in einem großen, gutgeleiteten Tierpark eine Heimat fänden. Aber eines Tages wurde dieser Tierpark aufgelöst. Der Inhaber, der Stifter war verstorben, und die Erben waren Geschäftemacher in Paris, die die Tiere dieses Parks an Zirkusse weiterverkauften.
Eines Abends sitze ich im Cirque d'Hiver und bewundere den Dompteur Michel Makrosof. Er hat eine gemischte Gruppe, die er elegant dem Publikum präsentiert. Ich habe ein gutes Gedächtnis für Formen und Arten. Schon in dem Augenblick, in welchem die Laufgänge aufgehen und die Tiere ausspeien, die bei dieser Nummer mitwirken sollen, zucke ich zusammen. Ich kenne diesen Leoparden und kenne dort drüben den Tiger. Ich sehe, wie der Dompteur die 14 Tiere meistert, die er in seinem Käfig hat, und höre, wie er den Tiger und den Leoparden

noch mit den gleichen Namen anredet, die ich beiden auf der langen Schiffsreise gab, als ich versuchte, mich mit dem Bengal-Tiger und dem Leoparden anzufreunden.

»Whisky – spring!«

»Ketty – auf die Stange!«

Es sind die Befehle, die mir nicht aus den Ohren gehen wollen. Das sind meine Tiere.

Hier sind sie gebändigt. Hier sind sie in einen Rahmen hineingezwungen – zusammen mit einem anderen Tiger, den der Dompteur mit dem Namen Cäsar anruft, und mit hellen Leoparden, die Dacca und Rajpur und Ranigany heißen.

Aber ich lasse kein Auge von meinen Tieren. Mich erschüttert dieses Wiedersehen. Das Schicksal will es, daß ich Zeuge einer eigenartigen Tiertragödie werde, die mich deshalb in tiefster Seele packt, weil sie zwischen meinen Tieren ausgetragen wird.

Jetzt sehe ich, daß Whisky, der bis zum Sprung durch den brennenden Reifen sich dem Befehl des Dompteurs willig fügt, auf einmal unlustig wird. Ich habe genau beobachtet, wann es begann. Während zwei Tiger über einen schmalen Balken laufen mußten – übrigens eine großartige Dressurleistung –, hatte Michel Makrosof mit Ketty, dem Leoparden-Weibchen, gescherzt, die Leoparden-Dame geliebkost, ihr über den Kopf gestrichen, ihr gestattet, daß sie sich an seinem Arm, an seiner Hand schnurrend für Sekunden rieb.

Das hatte Whisky beobachtet, seitdem ist er gar nicht mehr bei der Sache. Whisky springt plötzlich von seinem Podest und geht in Sprungstellung. Ich hätte in diesem Augenblick aufspringen und den Dompteur anrufen müssen. Aber es geschieht im entscheidenden Augenblick alles so schnell. Im nächsten Moment hat Whisky die Leoparden-Dame Ketty am Genick und schlägt ihr mit zwei Prankenhieben das Kreuz entzwei. Die Menschen schreien. Der Dompteur wagt das Verwegenste, was er in dieser Situation tun kann; er springt dem Tiger auf den Rücken und will ihn zurückreißen. Doch der Tiger, der weiß, der

fühlt, daß er sein Opfer zur Strecke gebracht hat, wirft sich herum. Ich sehe nur zwei Wesen, die sich wie ein blutiges Knäuel in ein ungleiches Ringen verstricken, und ich sehe Cäsar, den anderen Tiger, der mit einem gewaltigen Satz nicht dem Tiger, nicht seinem Artgenossen, sondern Michel Makrosof zu Hilfe eilt und Whisky so reizt, daß dieser von dem Dompteur abläßt.
Sie haben inzwischen eiserne Stangen zwischen die Gitterstäbe des Vorführkäfigs geschoben, sie haben einen harten Wasserstrahl auf die sich balgenden Tiere gerichtet. Doch die anderen haben das Blut geschmeckt, das Blut gerochen und sind nicht mehr zu halten.
Jetzt springen die Türen der Laufgänge auf, und man treibt sie mit dem Wasserstrahl hinaus; auf der Strecke bleibt – Ketty. Den Dompteur hat man schwerverletzt aus dem Käfig gezogen.
Ich besuche ihn drei Tage später im Saint-Antoine-Hospital. Er ist noch sehr schwach. Man muß, wenn man von einem Tiger geschlagen wird, immer befürchten, daß sich eine schwere Blutvergiftung früher oder später einstellt.
Ich erzähle ihm meine Geschichte, die Geschichte des Wiedersehens mit meinen Tieren, von denen eines vor meinen Augen sterben mußte. In solchen Stunden sage ich mir dann doch, daß es besser gewesen wäre, wenn ich Ketty im Urwald gelassen hätte.
Michel Makrosof, der Dompteur, greift nach meiner Hand, als ich gehen will, und sagt: »Sie verstehen sich auf die Tiere. Sie lieben die Tiere wie ich. Sorgen Sie dafür, daß man Whisky und Cäsar nichts tut. Ich werde selbst mit ihnen schimpfen, und wenn ich es ihnen sage, werden sie's verstehen. Schade um Ketty, ich hab' Ketty so gern gemocht!« So verlasse ich einen Menschen, der wie ich der Seele der Tiere nachspürt, der die Tiere wie ich liebt – jeder auf seine Art, jeder auf seine Weise.

Auf den Spuren von Pandas, Okapis und Riesenmäusen

Jedes Tier hat nicht nur seine Entwicklungsgeschichte, sondern auch die Geschichte seiner Entdeckung. Ich wurde oftmals aufgefordert, auf meinen Streifzügen durch die Kontinente zu erkunden, wann und unter welchen Voraussetzungen dieses oder jenes Tier zum erstenmal mit dem Menschen in Berührung gekommen sei. Von manchen Tieren wissen wir, daß sie seit einigen hunderttausend Jahren die Nähe des Menschen suchten. Andere haben sich während der gleichen langen Zeit von dem Menschen entfernt, flohen in den Dschungel oder in die Hänge des Himalaja.

Es war für mich eines der seltsamsten Erlebnisse, als ich eines Tages nach London kam und man mir zehnmal am Tag die gleiche Frage stellte:

»Haben Sie eigentlich Chichi schon gesehen?«

Chichi war zweifellos das Tagesgespräch der Menschen in London. Der Londoner Zoo hatte nie einen solchen Zulauf. Denn Chichi konnte man nur im Londoner Zoo besichtigen – mit seinem schwarzweißen Fell, mit seinem weißen Kopf und den merkwürdig dunkelgefärbten Ohren und den Ringen um die Augen.

Die Menschen, die mich in London nach Chichi fragten, konnten nicht ahnen, daß ich eigentlich seit Jahrzehnten diesem Tier auf der Spur war. Es ist eine abenteuerliche Geschichte, die um den Fang des ersten Riesen-Pandas kreist; denn Chichi ist ein Panda, eines der seltsamsten Lebewesen von bärenähnlicher Gestalt, nach welchem ich im Jahre 1935 zum erstenmal auf die Jagd ging.

Sieben zoologische Gärten hatten auf Grund einer merk-

würdigen Meldung aus Nepal einen Riesenpreis für einen ersten Panda ausgesetzt. Für mich war es eine Ehrensache, so schnell wie möglich in das nordwestliche Szechuan aufzubrechen, denn in diesem Bereich mußten die Pandas zu Hause sein. Die Informationen, die wir über die Pandas hatten, waren unzureichend. Ich hatte versucht, allen Aufzeichnungen nachzugehen.
– Da hatte im Jahre 1868 der Missionar Abbé Armande David, der gleichzeitig ein großer Naturforscher war, versichert, daß er einen Riesenpanda in West-China an Hängen des Himalaja gesehen habe. Kurz vorher hatte man im südwestlichen Nepal von einem kleinen Panda, von einem Zwergpanda geschrieben. Ein englischer Jäger hatte ihn vor die Flinte bekommen, aber dann in einer Anwandlung von Menschlichkeit darauf verzichtet zu schießen.
– In den dann folgenden sechzig Jahren blieb der Riesenpanda dem Auge weißer Jäger verborgen, und was die Eingeborenen über den Riesenpanda berichteten, war unklar, es klang beinah so, als wollten die Eingeborenen die weißen Männer nicht darauf aufmerksam machen, daß es Tiere gäbe, von denen die Weißen nichts wußten. Ab und zu brachten eingeborene Jäger einen Schädel oder ein Fell mit, das sie selbst aber irgendwo eingehandelt haben wollten, doch über die Lebensweise dieser Tiere erfuhr man nichts.
– Dann im Jahre 1928 glückte es den Brüdern Kermit und Theodore Roosevelt, Neffen des amerikanischen Präsidenten, im wochenlangen Ringen mit einer tobenden Natur während eines schweren Schneesturms in West-China einen Riesenpanda abzuschießen. Doch sie schilderten ihr Jagdabenteuer so spannend und als so schwierig, daß die Tierfänger alle Hoffnung abschrieben, jemals einen Riesenpanda heimzubringen.
Man muß bedenken, daß vor allen Dingen damals die Transportverhältnisse aus den sogenannten Panda-Gebieten zur chinesichen Küste außerordentlich schwierig, um nicht zu sagen gefährlich waren. Zwei chinesischen Jä-

gern und einem Nepalesen gelang im Jahre 1929 je ein Abschuß. Daraus zog ich den Schluß: was man abschießen kann, das kann man auch fangen! Das war mein ganzes Leben hindurch mein Grundsatz. Es kam letzten Endes nur darauf an, klüger, listiger zu sein als das Tier. Ich war eigens nach Kathmandu in Nepal gereist, damals noch eine sehr umständliche Reise, da eine direkte Straße nach Nepal hinein nicht existierte, um mir den Abschuß des nepalesischen Jägers anzusehen.

Ich wurde mir darüber klar, daß es sich bei den Pandas um eine eigene Tiergruppe handelte, etwa so, als habe sich ein asiatischer Bär mit einem Waschbär gekreuzt. Diese Überlegung wurde mir später von zahlreichen Zoologen als außerordentlich treffsicher bestätigt. Mir fiel auf, daß die Pandas sogar an den Fußsohlen Haare hatten, und was mich noch mehr erstaunte, war, daß der Schädel außerordentlich groß war und mächtige Backenzähne aufwies.

Aber Nepalesen und Chinesen, mit denen ich über die Pandas sprach, versicherten mir, daß der kleine und der große Panda, der Zwergpanda und der Riesenpanda, Pflanzenfresser seien. Doch war ich meiner Sache absolut sicher. Dieser Riesenpanda mußte einst ein Fleischfresser gewesen sein. Merkwürdige Umstände, die wir heute nicht mehr klarstellen können, zwangen ihn dann, sich zum Vegetarier zu entwickeln. Denn alle Pandas, die ich in der Folgezeit fing, fraßen nur Gras oder Bambusspitzen.

Eine Frau nahm mir den Ruhm!

Der Riesenpanda stand also auf meinem Programm. Ich hatte mit den chinesischen Behörden wegen der Einreisepapiere für Herbst 1936 verhandelt. Man hatte mir auch alle Zusicherungen gegeben. Aber als ich nach Schanghai kam, sagte mir einer der Regierungsbeamten: »Da ist eine amerikanische Mistreß dagewesen. Sie hat schon ihre ganzen Papiere und ist ausgezogen, um den Riesenpanda zu fangen!«

Ich wollte meinen Ohren nicht trauen. Aber der Beamte, den ich mit »silbernen Kugeln«, wie man es in China nennt, bestach, zeigte mir die offiziellen Eintragungen. Nun erfuhr ich ein Geheimnis, das mich fast mutlos machte, weil ich auf einmal wußte, daß ich nicht der erste sein könnte, der einen Riesenpanda lebend heimbrachte. Im Jahre 1934 war schon einmal ein gewisser John William Harkness in Schanghai aufgetaucht. Er hatte sehr viel Geld und sagte, daß er ein einziges Ziel verfolge, nämlich einen Panda zu fangen und ihn mit nach Amerika zu nehmen. Aber zehn Tage nach seiner Ankunft, als alle Papiere schon in Ordnung waren, bekam er in einem chinesischen Haus, das er für sich am Stadtrand von Schanghai gemietet hatte, unter mysteriösen Umständen einen Herzschlag und – starb.

Panda (Katzenbär)

Die amerikanischen Konsularbehörden schalteten sich sofort ein. Man telegrafierte seiner Gattin Mrs. Joan Harkness, die auf schnellstem Weg aus San Franzisko nach Schanghai kam. John William Harkness war ein Zoologe, der seiner Gattin ein riesiges Barvermögen hinterließ und ein Testament, dessen wichtigste Bestimmung kurz lautete: »Vollende du die Aufgabe, die ich nicht vollbringen konnte! Schaff den ersten Riesenpanda lebend heim!«

Zwei Jahre brauchte Mrs. Joan Harkness, um über den Tod ihres Gatten hinwegzukommen und nach China aufzubrechen, um die Bestimmung dieses Testaments so zu erfüllen, wie es der Tote gewünscht hatte.
Ich überlegte einen Tag und eine Nacht. Sollte ich es auf einen Wettlauf, auf einen Wettbewerb mit dieser Frau ankommen lassen? Sie war nicht vom Fach. Sie hatte einen erheblichen Vorsprung. Aber weiß der Himmel, wohin die Chinesen sie geführt hatten!
Ich schwur mir selbst, ihr gegenüber fair zu sein, und reiste in das Panda-Gebiet. Dort hatte ich meine Späher ausgeschickt, um zu erfahren, ob Mrs. Joan Harkness schon an Ort und Stelle sei. Was ich mir heimlich in meinem Herzen gewünscht hatte, ohne unfair zu sein, das hatte das Schicksal mir nicht beschert. Diese Mrs. Joan Harkness nahm mir den Ruhm, den ersten Riesenpanda zu fangen. Sie war vor mir eingetroffen.
Irgendwie mußte sie den Chinesen sympathisch gewesen sein. Man hatte sie in das interessante Gebiet geführt, wo sie schon nach zehntägigem Suchen einen weiblichen Riesenpanda entdeckte, der in einem hohlen Baum hauste. Mrs. Joan Harkness hatte natürlich keine rechte Vorstellung, wie sie einen Riesenpanda fangen könnte. Die Chinesen hatten ihr geraten, eine Falle aus einem Netz aufzubauen und dann mit recht vielen Bambusspitzen die Riesen-Panda-Mama in dieses Netz hineinzulocken. Aber die Panda-Dame rührte sich nicht. 24 Stunden ehe ich Mrs. Harkness begegnete, ereignete sich folgendes:

Mrs. Joan Harkness hatte die Geduld verloren, die wir Tierfänger als erste, als wichtigste Eigenschaft brauchen. Sie wollte auf einmal nicht mehr warten, sie war neugierig geworden und hatte sich dem hohlen Baum genähert, in welchem die Panda-Riesin hauste.
Kaum wurde die Riesenpandamutter der Amerikanerin ansichtig, als sie im Galopp davonlief – in dem hohlen Baum ihr Junges, einen niedlichen kleinen Panda, zurücklassend.
Die Chinesen hielten dieses Ereignis für ein sehr gutes Zeichen. Mrs. Joan Harkness dachte in den ersten 24 Stunden recht praktisch. Sie sah die Möglichkeit, das Tier vielleicht von der Milch auf an eine andere Nahrung als Bambusspitzen zu gewöhnen; denn sie sagte sich, daß man in einem amerikanischen zoologischen Garten niemals genug Bambusspitzen besorgen könnte, um einen Riesenpanda zu ernähren.
Mir blieb nichts anderes übrig, als Mrs. Joan Harkness zu beglückwünschen. Ich tat es, wenn auch mit ein wenig Neid im Herzen, doch ich sagte mir, daß dieses kleine Wesen nicht der einzige Panda sein werde, den die Menschen voraussichtlich fangen würden. Ich bereitete schon mit meinen Begleitern eine Jagdexpedition vor, die ich in einigen Monaten starten wollte. Aber vorher mußte ich mir die nötigen Aufträge sichern. Denn die Prämie, die auf den ersten Panda ausgesetzt war, hatte ich schließlich verscherzt.

Schwierige Reise

Ich erklärte mich bereit, die Amerikanerin und ihren kleinen Panda bis zum nächsten Hafen zu begleiten und alles, was ich aus meiner langen Erfahrung als Tierfänger wußte, dazu beizutragen, um diesen niedlichen kleinen Panda-Knaben heil und gesund aufs Schiff und nach Amerika zu bringen.
Ich gestehe ganz offen, daß ich auch in der Folgezeit lieber ein Dutzend Tiger quer durch den burmesischen

Dschungel befördert habe, als diesen kleinen Panda zur Küste. Das kleine Wesen war in den Hungerstreik getreten, und das war das Schlimmste, was uns passieren konnte. Mrs. Harkness hatte eine chinesische Helferin, Lin Yang Young, bei sich, mit der ich mich in Kanton-Chinesisch verständigen konnte und die meine Besorgnis teilte, daß wir den ersten lebend gefangenen Panda wohl verlieren würden, wenn uns nicht etwas ganz Geniales einfiele. Lin Yang Young machte mir einen Vorschlag, der mir einleuchtete. Sie zog ihren Pelzmantel aus und legte ihn für ein paar Stunden in den hohlen Baum, dort, wo die Mama mit ihrem Jungen gehaust hatte. Dann hängte sie sich diesen Mantel über, begann kräftig zu brummen und bot durch den Ärmel des Mantels dem kleinen Panda eine Milchflasche mit einem Schnuller an. Da wir den Mantel vorher kräftig angewärmt hatten, wurde das Panda-Baby zutraulich und glaubte offenbar, in jenem brummenden Wesen im Pelzmantel die davongelaufene Mama wiedergefunden zu haben.
Die Temperatur in den Höhenlagen an den Hängen des Himalaja in West-China sank von Tag zu Tag. Wir näherten uns offensichtlich dem Winter. Es war nicht allein damit getan, daß wir unser Panda-Baby mit der Milchflasche am Leben erhielten. Wir mußten es auch regelmäßig trockenlegen; denn ich wußte aus Erfahrung, daß die Kleintiere von Warmblütern sich sofort erkälten und an Entzündungszuständen der Eingeweide zugrunde gehen, wenn sie nicht trockengehalten werden können. Man hätte eine regelrechte Windelwäsche vorrätig haben müssen. Aber wer hatte schon, als Mrs. Harkness oder ich auszog, um einen lebenden Panda zu fangen, daran gedacht, Babywäsche mitzunehmen – Windeln und alles, was man sonst zu diesem Zweck benötigt. Außerdem pfiff ein Nordwind auf unseren Rückmarschstraßen, der uns durch das Gebein ging, so daß wir nicht daran denken konnten, Wäsche zu waschen und zu trocknen.
Es blieb uns nichts anderes übrig, als nach und nach unsere gesamte Unterwäsche, die Pelzwesten, die Pullover,

die Schlafdecken und alles, was an Stoff übrigblieb, zu opfern. Die Amerikanerin und die Chinesin froren in den langen Nächten furchtbar. Ich habe es damals nicht zugegeben. Aber ich gestehe heute, daß mir in meinem ganzen Leben selten so kalt war wie in diesen Herbstnächten, während ich den Panda, der friedlich schlief, in meinen Armen warm zu halten versuchte.
Uns ging es schlecht. Wir froren. Aber dem Panda-Baby ging es gut. Es kam frisch und gesund und vor allen Dingen lebend zur Küste. Wir hatten noch 48 Stunden, bevor das Schiff nach San Franzisko auslief. Lin Yang Young tauchte in der Unterwelt von Schanghai unter und ließ bei der Gewerkschaft der Korbflechter die größte Wiege in aller Eile flechten, die jemals innerhalb von 48 Stunden geliefert wurde. In dieser Riesenwiege trat der erste lebende Panda die große Fahrt nach Amerika an.
Es war eine lange und schwierige Reise bis zur Küste gewesen. Mrs. Harkness war von dem kleinen Panda-Knaben als Mama angenommen worden. Sie ließ das Geschöpf keine Minute aus den Augen. Mrs. Harkness ahnte schon, wenn es Hunger hatte; sie brauchte die Milchflasche längst nicht mehr durch den Ärmel des Pelzmantels zu reichen. Der Panda hatte die Mama schon seit längerer Zeit vergessen. Es war für den kleinen Panda der Beginn eines großen, ganz neuen Lebens, als erster Riesenpanda in einem zoologischen Garten gezeigt zu werden. Eine mutige Frau mit einer grenzenlosen Aufopferungsfähigkeit, Mrs. Joan Harkness, hatte ein Testament erfüllt, einem Vermächtnis entsprochen. Erst in letzter Minute sagte sie mir, daß sie von Beruf Kunstgewerblerin sei.

»Es gibt einen Waldesel!«

Ein Okapi ist eines der seltensten und merkwürdigsten Tiere der Erde. Okapis, die aus den iturischen Wäldern im heißen Kongo-Gebiet stammen, gelten als die teuersten, die kostbarsten Geschöpfe, die man in europäischen und amerikanischen zoologischen Gärten zeigt.

Die Geschichte des Okapis ist ebenso phantastisch, merkwürdig und geheimnisvoll wie jene des Pandas. Man hatte seit einigen Jahrzehnten von den Okapis gehört. Aber niemand hatte die Geschichten, die die Eingeborenen im früheren Belgisch-Kongo von einem merkwürdigen Lebewesen erzählten, ernst genommen.

Man sprach stets von einem Waldesel, der sich immer von Blättern ernähre, einen langen Hals habe und eigentlich gar kein Esel sei. Manchmal tauchten Zwergmenschen, Pygmäen, auf, die Gürtel aus einem sehr merkwürdigen Leder trugen, aus einem Fell, das man noch niemals gesehen hatte. Die Pygmäen wollten das Tier nicht nennen, aus dessen Fell sie die Streifen geschnitten hatten, die sie zu Tragriemen verarbeiteten. Aber die Gerüchte, daß es ein von den weißen Männern noch nicht entdecktes Tier im Dschungel gäbe, wurden immer deutlicher, verdichteten sich so sehr, daß man eines Tages alle Tierfänger, alle Zoologen, die nach Afrika aufbrachen, ersuchte, sich um diese Okapis zu kümmern. Den Namen wußte man von den Eingeborenen, von den Pygmäen. Nur gesehen hatte man die Tiere noch nicht.

Aus Lüge, Legende oder Märchen wurde plötzlich Wirklichkeit. Vor rund 60 Jahren war man davon überzeugt, daß es dieses Tier wirklich gab. Der Sonderkommissar für Uganda, Sir Harry Johnston, hatte in Aufzeichnungen von Stanley wiederum einen Hinweis gelesen, daß es einen Waldesel gäbe, der nur Blätter fräße. Johnston hatte aus den Pygmäen mit Mühe und Not und viel Schnaps herausgeholt, daß die Okapis im tiefsten Dickicht des damaligen Belgisch-Kongo lebten, in Verstecken, wohin ihnen große und starke Menschen niemals folgen könnten. Aber die Pygmäen waren klein und behende genug, ihnen auf den dornenreichen Waldwegen zu folgen. Und auf diesen Jagdzügen mußten sie wohl auch Okapis erlegt haben. Sir Harry Johnston gab nun nicht mehr nach. Er setzte eine Belohnung jenen Pygmäen aus, die ihm ein Okapi-Fell brächten. Alles, was er bekam, waren zwei lange Lederstreifen, Stücke vom Fell eines Okapis.

Auf einer Sitzung der Zoologischen Gesellschaft in London, wohin Johnston diese Streifen geschickt hatte, waren sie eine echte Sensation. Johnston hatte eine gute Beschreibung beigefügt, so wie die Pygmäen sie ihm gaben. Die Zoologen in London versuchten, sich daraus ein Bild zu machen und kamen zu dem Schluß, daß es sich nicht um einen Waldesel, sondern um eine Zebraart handeln dürfte, also um ein Waldzebra, dem man den Namen Equus Johnstoni gab. Aber kaum hatte man diesen Namen registriert, da traf ein neuer Bericht von Harry Johnston ein, der lautete:

»Ich habe Fußabdrücke des Okapis gesehen. Das Okapi hat keine geschlossenen Hufe. Es kann also nicht unter die Pferde eingereiht werden. Macht, was ihr wollt, um die Geschichte klarzustellen. Ich versuche, Weiteres zu ermitteln.«

Man warf das Steuer um 180 Grad herum und behauptete nun, es werde sich wahrscheinlich um eine Waldart des Elentiers handeln. Aber Johnston machte wiederum einen Strich durch die Rechnung. Er hatte, ehrgeizig und hartnäckig, ein ganzes Fell und zwei Schädel von Okapis aufgetrieben. In einer eiligst einberufenen Sondersitzung der Zoologischen Gesellschaft in London stellte man endlich fest, daß man es hier mit einem Tier eines ganz besonderen Typs zu tun hat, das gewisse Ähnlichkeiten mit der Giraffe aufweise.

Wir rüsteten damals, um das Jahr 1920, eine erste große Expedition aus, um ein lebendes Okapi zu fangen. Aber ein Italiener kam uns zuvor. Neun Monate war er unterwegs gewesen. Dann fing er das erste lebende Okapi. Es wurde mit aller Vorsicht in den Antwerpener Zoo übergeführt. Es glückte dann, kurze Zeit später zwei weitere Okapis zu fangen, von denen eins nach London gebracht wurde. Das war der Anfang einer neuen Lebensgeschichte des Okapis, das der weiße Mensch für sich entdeckte. Ich mußte später oftmals in jenes kaum 200 Kilometer breite, aber dafür sehr lange Gebiet am Ubangi-Fluß tief im Kongo reisen, um dort Okapis mit Erlaubnis der belgi-

schen Regierung zu fangen oder abzuholen. Doch habe ich kaum eine Gegend kennengelernt, in der es so schwierig war, sich durch das Unterholz, durch das Dickicht vorwärtszuarbeiten, als gerade hier, und diese Tatsache war wohl auch schuld daran, daß das Okapi, dieses merkwürdige Geschöpf, das wirklich wie eine Giraffe mit kurzem Hals aussieht, etwas von einem Pferd, von einem Esel und ein wenig von einem Elentier an sich hat, das noch als ein Fabeltier galt, nachdem die Zoologen zum mindesten in der Theorie davon überzeugt waren, daß es ein noch nicht entdecktes höchst rätselhaftes Tier gebe, dem man jeden Tag begegnen könne.
Wir haben inzwischen in Südost-Europa, in Griechenland und in Indien in Gestalt von Fossilien Beweise dafür gefunden, daß Verwandte dieses Okapis schon vor Millionen Jahren in Südost-Europa und in Indien lebten.
Als man in den letzten Jahren eine Grabkammer in Ägypten öffnete, ergab sich aus den Hieroglyphen der 17. Dynastie, daß es damals eine Okapiart gab, die in Ägypten frei lebte.

Die Unbezahlbaren

Für die Tierjäger und für die Tierfänger waren damals, um das Jahr 1920, die Okapis die großen Sensationen, das Geschäft, mit dem man in der Lage war, eine Expedition während eines halben Jahres durch einen unerschlossenen Erdteil zu führen. Erst nach und nach entwickelten sich jene Handelspreise, die dann von der belgischen Regierung festgesetzt wurden. Anfangs waren die Okapis so selten, daß sie von der belgischen Regierung als Geschenke verwendet wurden, für die Tierjäger ein Grund mehr, nicht mehr von der Fährte dieses Okapis abzugehen, sondern ihm auf der Spur zu bleiben, bis man alles von ihm wußte.
Es muß einmal eine Zeit gegeben haben, da trugen die Okapis Hörner wie die Giraffen. Auch die Zahnstellung und andere anatomische Charakteristika haben sich nach

und nach verändert, verschoben. Mein großes Abenteuer mit den Okapis begann in der Stunde, als ich dem italienischen Forscher und Zoologen Attilio Gatti begegnete. Wir waren einander in Genua über den Weg gelaufen. Ich kam mit einem Riesentransport wunderschöner Kobras aus Südindien. Er interessierte sich für meine Giftschlangen und stand im Begriff, nach Afrika, in den schwarzen Kontinent, auszureisen. Wir plauderten eine lange Nacht über Kobras und andere Giftschlangen dieser Erde. Schließlich verriet mir Attilio Gatti sein interessantes Geheimnis, das mich veranlaßte, ihm sofort anzubieten, mit ihm in den Schwarzen Erdteil zu fahren. Eigentlich wollte er zu niemandem darüber sprechen. Aber wir hatten beide die große Tierliebe in uns entdeckt. Als wir spät nach Mitternacht Brüderschaft getrunken hatten, plauderte er sein Geheimnis aus und sagte:
»Als ich das letzte Mal in Afrika war, begann ich meine Expedition in Kenia und zog von dort aus nach Tanganjika, um von hier aus die gebirgigen Wälder von Ituri in Belgisch-Kongo zu erreichen. Ich wollte natürlich die lästigen Formalitäten der belgischen Kolonialbehörden umgehen. Wer läßt sich gern in die Karten schauen, wenn er eine Weltsensation entdeckt zu haben glaubt!
Mir hatte ein alter Buschläufer, ein Negermischling, verraten, daß es im Ituri-Gebiet eine Gegend gäbe, wo Menschen lebten, die von sich behaupteten, unmittelbar von den Pharaonen abzustammen. Er erzählte mir, daß diese Menschen sämtlich behaupteten, Prinzen zu sein, fürstliches Blut in ihren Adern zu haben. Diese Überzeugung bewiesen sie dadurch, daß sie nicht arbeiteten, keine Hand rührten, aber von Zeit zu Zeit Überfälle auf ihre Nachbarn unternahmen, um sich auf diese Weise die Sklaven zu beschaffen, die für sie arbeiten sollten.«
Aber das war nicht alles. Attilio Gatti verriet mir, daß bei diesen »Pharaonen« in Belgisch-Kongo Tiere lebten, die zweifellos Okapis sein mußten, aber Okapis einer ganz anderen Art, als sie inzwischen entdeckt worden waren. Und daraus leitete Attilio Gatti folgende Theorie ab:

»Durch jenes Gebiet zieht sich der Fluß Epulu. Diesen Fluß habe ich schon einmal erreicht. Ich konnte ihn damals nicht überschreiten, weil Hochwasser herrschte. Wir kennen bisher nur die Okapis, die auf der Südseite des Epulu-Flusses leben. Das sind die Okapia Johnstoni. Wenn es nun eine andere Art von Okapis gibt, dann leben sie auf der anderen Seite. Nach allem, was man mir erzählt hat, haben sie viel längere Köpfe als die Okapis auf der Südseite des Epulu, und auf ihrer Stirn haben sie eine Knochenplatte, die man bisher bei Okapis nie beobachtet hat.«

Dann bestand also die Möglichkeit, daß wir doch noch eine neue Okapiart entdecken könnten? Ich mußte mir darüber im klaren sein, daß die Entdeckung dieser zweiten Art niemals die Sensation darstellen werde wie der Fang des ersten Okapis. Aber damals war mir ein Italiener zuvorgekommen. Diesmal wollte ich an der Seite dieses bekannten Forschers Attilio Gatti dabei sein, wenn das zweite Okapi, die andere Okapiart, für den weißen Mann entdeckt würde.

Es war eine lange und sehr beschwerliche Reise. Attilio Gatti war ein Mann von einer ungeheuren Widerstandskraft, der die unglaublichsten Strapazen in Kauf nahm, ohne mit der Wimper zu zucken und ohne müde zu werden. Er gab erst Ruhe, als wir endlich am Epulu-Fluß standen, als er Männer und Boote gechartert hatte, die uns hinüberrudern sollten. Drüben auf der anderen Seite fanden wir eine seltsame Welt, eine Rasse von Menschen, die tatsächlich eine gewisse Reinblütigkeit durch viele Jahrhunderte oder Jahrtausende hindurch bewahrt hatte. Die ägyptischen Prinzen in den Ituri-Bergen waren imposante Erscheinungen mit edlen Gesichtszügen, aber einem teuflischen Charakter. Sie herrschten über Tausende von Sklaven.

Auf Schritt und Tritt stießen wir auf Erinnerungen an den alten Apiskult der Ägypter, der durch die Kuh versinnbildlicht wird. Selbst die Schönheit der Frau wurde von ihnen immer in bezug gesetzt zur Kuh. Je mehr sich die

Gestalt und die Eigenarten einer Frau den Formen und den Ausmaßen einer Kuh näherten, um so vollkommener schätzten sie diese Idealschönheit ein.
Aber für uns kam es darauf an, nicht eine Völkerkunde zu schreiben und geheimnisvolle Beziehungen zwischen Ägypten und den Ituri-Bergen in altägyptischer Zeit zu rekonstruieren, wir suchten eine andere Okapiart, jene Okapis, die sich von den merkwürdigen Lebewesen auf den südlichen Ufern des Epulu unterscheiden sollten. Konnte es möglich sein, daß dieser Fluß eine Welt so völlig trennte, daß sich auf dem einen und dem anderen Flußufer zwei Arten des gleichen Tieres in ganz verschiedenen Richtungen entwickelten?

Okapi im afrikanischen Busch

Jener Negermischling, der Attilio Gatti auf die Spur des andersgearteten Okapis gebracht hatte, war kein Phantast und kein Träumer. Er hatte scharf beobachtet. Wir waren zwanzig Tage auf der Jagd und hatten uns an drei verschiedene Pygmäenvölker gewandt, als wir schließlich eines Abends einen Fingerzeig erhielten. Ein Pygmäe deutete uns nämlich an, daß ein Okapipärchen durch einen ganz bestimmten Dornenweg am Abend zu wechseln pflege. Wir wußten nicht, ob dieser Fingerzeig richtig war. Wir spannten unsere Netze. Fünf Stunden später hatten wir zwei Okapis gefangen. Aber während sonst die Okapis vom südlichen Ufer ängstlich, verschüchtert und zitternd nicht mehr den Versuch machten, dem Menschen zu entkommen, in dessen Gewalt sie geraten waren, waren diese Okapis außerordentlich kampflustig, wild, unberechenbar in ihrer Art.

Wir hatten alle Einzelheiten genau notiert, die Tiere studiert, ermittelt, daß tatsächlich auf den Stirnknochen eine zweite Knochenschicht saß.

Als sich am dritten Tag die Okapis ein wenig beruhigt zu haben schienen, bauten wir ein Gehege, um ihnen einen gewissen Auslauf zu geben und sie gleichzeitig an uns zu gewöhnen für den bevorstehenden großen Transport.

Aber die Friedlichkeit, die die Okapis an den Tag gelegt hatten, war nur eine Kriegslist, offensichtlich ein Versuch, uns in Sicherheit zu wiegen. In der nächsten Nacht wachten wir von dröhnendem Lärm auf. Wir hatten nicht daran gedacht, daß die Okapis sich ihrer doppelten Knochenplatte auf der Stirn gewissermaßen als Stoßpanzer bedienen könnten.

Wir erlebten zu unserer großen Überraschung, daß die Okapis mit ihren Stirnen die schweren Palisaden der Einzäunung, die wir am Tag vorher in den Boden gerammt hatten, um einen Ausbruch zu vermeiden, buchstäblich zertrümmerten.

Wir konnten nichts tun, um die Flucht dieser beiden seltenen Lebewesen zu verhindern.

Ihr Helfer: Abergläubische Angst

Inzwischen hatten wir unsere Pygmäen alarmiert. Sie sollten uns behilflich sein, mit Hölzern und rasch gefällten Bäumen den Zaun zu schließen. Doch über uns hatte sich ein gewaltiges Gewitter zusammengezogen. Furchtbare Blitze zuckten hernieder. Der Donner grollte. Ich glaube, es war das entsetzlichste Gewitter, das je über meinem Haupt sich entlud. Gleichzeitig ging ein Regen nieder, als sollte die ganze Welt, der ganze Urwald ertrinken.

Die Pygmäen rührten sich nicht in ihren Laubhütten, die sie am Abend vorher gebaut hatten. Sie hielten die Hände vor die Gesichter, um die Blitze nicht zu sehen. Wir machten unsere Rechnung auf und waren uns darüber im klaren, daß diese Gewitternacht ein Vermögen kosten könnte. Wir stürmten allein in die Nacht hinaus, um die Palisaden zu schließen, um wenigstens eines der großen Netze über die Hölzer zu ziehen und so die Okapis zu halten, die unermüdlich mir ihrem Stirnknochen gegen die Zäune anrannten.

Ich wußte, daß selbst ein starker Mann bestenfalls mit einem Vorschlaghammer oder einer Axt diese Hölzer hätte zertrümmern können. Aber die Okapis vermochten es allein mit ihren Stirnknochen. Plötzlich sahen wir sie an uns vorbeischießen in die Nacht hinein.

Als der Tag heraufzog und wir mißmutig die Pygmäen zur Rede stellten, weshalb sie in der Nacht zuvor so feige gewesen seien, weshalb sie uns nicht halfen, die Okapis in der Umzäunung zu halten, da erfuhren wir eine merkwürdige Geschichte, die gleichzeitig das ganze Rätsel des Verhaltens der Pygmäen in der verflossenen Nacht erklärte.

Die Pygmäen sind davon überzeugt, daß die Okapis Göttertiere sind, die aus einer anderen Welt einwanderten. Sie schneiden aus dem Leder der Okapis Riemen, weil sie glauben, daß dieses Leder sie dann mit besonderen Kräften ausstattet und sie gegen Krankheiten schützt.

Die Pygmäen glauben, daß bei einem Gewitter jeder zur Erde niederzuckende Blitz nichts anderes ist als eine neue Kraft für die Okapis, die immer stärker werden. Wenn ein Gewitter viele Tage andauern würde, dann wären die Okapis mächtig genug, die ganze Welt zu erobern und alle schwarzen und weißen Menschen zu vernichten.
Sie hatten sich durch den hohen Preis, den wir ihnen boten – so gestanden sie uns jetzt – verleiten lassen, beim Fang dieses Okapi-Pärchens mitzuwirken. Einer von ihnen hatte die Okapis verraten. Diesen einen, den Verräter, hatten sie in der Gewitternacht getötet. Sie wollten nichts davon hören, auf eine neue Okapijagd zu gehen.
Attilio Gatti rang einen ganzen Tag und eine ganze Nacht mit sich selbst. Ich spürte, wie der geheimnisvolle Aberglaube der Pygmäen auf ihn übersprang und er mit der eigenartigen Naturverbundenheit und dem Aberglauben, der auch in vielen seiner italienischen Landsleute schlummert, auf einmal selbst daran glaubte, daß es klüger sei, auf diesen Fang der neuen Okapiart zu verzichten.
Wir trieben uns vier Wochen im Ituri-Gebiet nördlich des Epulu-Flusses umher, bis wir durch die Pygmäen zwei Schädel von jenen Okapis einhandeln konnten, die wir mit nach Hause nahmen. Seit dieser Zeit weiß die Wissenschaft, daß es außer dem Okapia Johnstoni eine andere Okapiart gibt, der man den Namen Okapia kibalennis gab. In einem römischen Tiermuseum ist ein Schädel ausgestellt. Abgüsse dieses Schädels sind in die naturhistorischen Museen der ganzen Welt gewandert. Ich habe auf weitere Jagdexpeditionen nach Okapis verzichtet, denn ich wußte, daß die Okapis mir kein Glück brachten.

Kuriosa auf Schritt und Tritt

Ich muß gestehen, daß ich auf meinen langen Fahrten selten eine Welt getroffen habe, die mit ihrer undurchdringlichen Vegetation, mit einer unvergleichlichen Flora und Fauna so viele Überraschungen in sich birgt – wie das mächtige Gebiet des Kongos.

Die Eingeborenen berichteten mir, während wir nach dem Okapi mit der doppelten Stirnplatte suchten, von einer Zwergantilope, von einem Zwergbüffel, den es sonst nirgendwo auf der Welt mehr gibt. Man versicherte uns, daß es im Dschungel des Kongos gehörnte Chamäleons gebe, Eidechsen, die drei oder sechs Hörner auf ihrem Kopf trügen. Man sprach mir von riesigen Schweinen, die in ihrer Schulterhöhe an einen Esel heranreichten, man schwur, daß es einen Zwergelefanten gebe, auch wenn dessen Existenz von den Zoologen heute noch immer geleugnet würde.

Nachher – viel später – fielen mir diese Erzählungen der Eingeborenen wieder ein. Ich hatte sie notiert, doch alles, was sie mir damals sagten, vergessen, weil wir ein Okapi suchten, ein Okapi mit einer doppelten Stirnplatte. Wir hatten schon fast dem Belgischen Kongo den Rücken gekehrt, als es mich packte. Ich wollte wenigstens eines dieser seltsamen Wesen mit nach Hause bringen, wenn meine Zeit es erlaubte und wenn Attilio Gatti mit von der Partie war. Denn die Jagd auf dieses andere Objekt durfte nur ein paar Tage dauern, soviel, wie unser durch den Fehlschlag mit den beiden Okapis knapp bemessenes Budget noch gestattete.

Ich suchte nach einer Spur des Zwergelefanten und forschte nach einem Riesenschwein – so groß wie ein Esel. Ich bot alles, was ich besaß, für eine dieser gehörnten Eidechsen im Bereich des Kongos.

Alles, was man mir brachte, war ein Riesenfrosch – ein wahrer Koloß von einem Froschwesen, dessen Schenkel so groß war wie der eines Kaninchens. Mir war bekannt, daß es in Nordamerika und in einigen Gegenden Südamerikas Riesenfrösche gibt. Aber hier im dichten, dumpfen, tropischen Regenwald waren Frösche herangewachsen, die nie jemand in der Stille und in der Beschaulichkeit ihres Daseins gestört hatte. Der Riesenfrosch, den man mir brachte, war mit einem Pfeil erlegt worden. Die Eingeborenen, die Pygmäen, jagen mit Pfeil und Bogen. Sie schießen dem Frosch mit dem Pfeil in den Rücken, zerschlagen ihm mit einer Keule den Kopf und reißen ihn dann blitzschnell in der Mitte durch, weil sie glauben, daß auf diese Weise der Geist des Frosches den nicht erkennen und verfolgen kann, der ihn jagte.

Ich sah, daß man die großen und die kleinen Knöchlein dieser Frösche sorgsam sammelte, nachdem man ihr wohlschmeckendes Fleisch verzehrt hatte. Die Zauberer benutzen in Afrika diese Knochen, um sie wie Runenstäbe auf den Boden zu werfen und daraus die Zukunft zu sagen, die nächsten Jagdtage zu verkünden und vorauszusagen, ob die Götter der Nacht den Jägern günstig oder ungünstig gesonnen sind.

Nicht einmal einen lebenden Riesenfrosch konnte ich damals von dieser Okapi-Reise in den afrikanischen Dschungel mit nach Hause bringen. Ich gestehe es ganz offen: Nicht jede Jagdfahrt in unserem Leben als Tierfänger ist ein Erfolg. Manchmal sind die Tiere klüger als wir. Oft ist das Schicksal gegen uns, auch wenn wir es nicht glauben oder nicht wahrhaben wollen.

Auf dem Heimweg, schon fast auf dem Gebiet des Tanganjika, lief uns eine Maus über den Weg – die größte Maus, die ich je in meinem Leben sah. Es war keine Ratte. Meine Augen haben mich nicht getäuscht. Attilio Gatti warf sein Netz über diese Maus. Sie war so groß wie ein Hund. Ich gestehe, daß ich Angst hatte, als sie ihr Maul öffnete und ihre Zähne zeigte.

Mit ihr hatte ich nicht gerechnet. Außerdem fehlte mir ein Mittel, um sie lebend heimzubringen. So entkam sie in die Nacht des Dschungels, wie die Okapis mit der gehörnten Stirnplatte. Ich aber nahm das Wissen, die Erkenntnis und die absolute Gewißheit mit nach Hause, daß es außer den Tieren, die wir in den letzten Jahrzehnten entdeckten, viele andere gibt, die wir noch lebend heimbringen müssen, auch wenn man uns die Angaben heute noch nicht glaubt. Doch von solchen Wesen werde ich später noch erzählen müssen. Denn viele dieser »Unglaublichen« kreuzten meinen Weg.

Liefern Sie mir ein Rhinozeros zum Geburtstag

Der große Regen ist nicht gekommen. Die Gluthitze steht über Afrika. Es scheint, als leuchte sie in den dunklen Nächten von Tanganjika nach Kenia herüber. Denn wer Afrika kennt, der weiß, was es bedeutet, wenn der Regen nicht kommt.

Man hat mich in Nairobi, der Hauptstadt von Kenia, gewarnt, diese Reise zu unternehmen. Man erzählte mir von den Tieren, die wie wahnwitzig vor Durst aus dem Busch hervorgekrochen seien und nun, gleich einer unaufhaltsamen Flut, über Steppen und Weideländer nach Süden strebten. Ich stehe am Fenster des Nairobi-Expreß. Ich sehe in der dunklen Nacht den merkwürdigen Schimmer am Horizont. Aber es ist kein Buschbrand. Die Steppe steht nicht in Flammen. Es scheint die Hitze zu sein, die von der Erde in die Wolken zurückstrahlt und sie erglühen läßt.

Vielleicht wäre es klüger gewesen, den Plan zurückzustellen. Aber als Tierjäger, als Tierfänger hat man nicht immer das Programm in eigenen Händen. Der Auftraggeber hat seine Wünsche, und wer für die Erfüllung seiner Wünsche zahlt, kann auch den Termin bestimmen.

Das Telegramm des Harry E. Rockefeller, eines Vetters aus der großen Familie der Rockefellers, hat mich im Palace-Hotel in Nairobi erreicht. Ich kenne ihn seit vielen Jahren. Er hatte einer amerikanischen Universität einen zoologischen Garten geschenkt, und mir gab er den Auftrag, ihn einzurichten. Darüber waren Jahre vergangen. Und nun telegrafierte er mir: »Liefern Sie mir ein Rhinozeros zum Geburtstag!«

Das Telegramm war mir über fünf Adressen gefolgt, ehe es zugestellt werden konnte. Mr. Rockefellers Geburtstag war in fünf Wochen. Mag der Himmel wissen, was er ausgerechnet an seinem Geburtstag mit einem Rhinozeros wollte. Ich brauchte mit ihm nicht um den Preis zu markten. Der Zufall will es, daß ich von zwei zoologischen Gärten – der eine in Tokio und der andere in Antwerpen – den Auftrag habe, auch für diese ein Rhinozeros lebend heimzubringen.

Deshalb bin ich auf der großen Fahrt nach Norden – nach Tanganjika. Warum soll ich nicht recht haben, wenn ich meinem Gefühl folge, das mir sagt: wenn die Tiere auf ihrer großen Wanderschaft vor der Wassernot, vor dem Durst, davonlaufen, dann müßte es eigentlich leichter sein als sonst, sie zu fangen.

Zwei Tage später bin ich an der Endstation der Eisenbahnlinie angelangt.

Der Bericht der Männer aus dem Dorf Voi

Man mustert mich mißtrauisch, wenn ich davon spreche, daß ich unterwegs bin, um drei Rhinozerosse zu fangen. Ist jetzt die Zeit, an solche Spielerei zu denken, an Spielerei auf Leben und Tod, aber doch Scherze am Rande des ernsten Lebens?

Soeben sind zwei Waldläufer, zwei Männer aus der Ortschaft Voi, einem kleinen Dorf im Randgebiet der Savanne, eingetroffen. Sie sind vier Tage und vier Nächte fast ohne Unterlaß gelaufen und wollen nun dem Chef des Distrikts genau erzählen, was geschehen ist, und ihn um Hilfe bitten.

Ich höre eine phantastische Geschichte.

»Unser Dorf ist von Tieren eingekreist. Das Wasser hat sie angezogen. Wir haben noch einen Brunnen, der Wasser gibt, und die Tiere riechen das Wasser. Es werden ihrer immer mehr. Wenn Ihr uns nicht helft, überrennen sie uns und vernichten das ganze Dorf Voi!«

Der Verwalter des Distrikts, ein kluger und energischer

Mann, hat innerhalb weniger Minuten die Milizen, seine Jagdhelfer, die starken Männer der nächsten drei Ortschaften zusammengetrommelt. Man rief sie im wahrsten Sinne des Wortes mit Trommeln zusammen.
Im Fackelschein werden die Männer auf zwölf Lastwagen verfrachtet, man fährt in die Nacht hinaus – auf schlechten Wegen, aber auf Wegen, die nach Voi führen.
Ich hatte mit dem Distriktchef sofort Freundschaft geschlossen und sitze nun neben dem Fahrer im ersten Lastwagen. Es gibt für mich keine andere Möglichkeit, schnell und sicher in das Jagdgebiet zu kommen, von dem ich vorgestern noch im Zug träumte und dem ich nun auf einem staatlichen Lastwagen entgegenfahre.
»Die Eingeborenen werden übertrieben haben. Es ist nicht das erste Mal, daß wir ein Dorf entsetzen müssen, das von Tieren belagert wird. Meist genügen ein paar Schüsse, zehn oder zwölf Raketen, wie man sie sonst nur bei großen Feuerwerken verwendet, und schon wenden sich die Tiere zur Flucht und laufen in einer anderen Richtung davon. Sie vergessen in diesen Sekunden der Angst, daß sie Durst haben.«
Im Laufe einer Nacht fahren wir die lange Strecke, die die Männer in vier Tagen und vier Nächten zurücklegten. Aber was uns erwartet – ist ganz anders als das, was der Mann am Steuer des Lastwagens mir erzählte. Man hatte von einer kleinen Säuberungsaktion gesprochen, und nun steht man einem gefährlichen Feind gegenüber, dem man einen regelrechten Krieg liefern muß.
Ich glaube, meinen Augen nicht trauen zu können; denn vierhundert Elefanten belagern Voi. Leute, die sich aus Voi nach draußen flüchten konnten, erzählen uns, daß die Elefanten alle anderen Tiere, vor allem aber die Rhinozerosse, in die Flucht geschlagen hätten. Es sei ein schwerer Kampf gewesen, aber die Rhinozerosse hätten sich zurückziehen müssen.
Ich versuche, die Richtung zu erfahren, in der sich die Rhinozerosse zurückgezogen haben.
Ich kann hier nicht helfen. Die Elefanten haben ihre Ver-

teidigung geschickt und mit der Klugheit aufgezogen, die man ihnen seit Jahrtausenden nachsagt. Sie haben ihre Belagerung mit verschiedenen Vorstößen in Richtung des Brunnens, der noch Wasser enthält, immer enger gezogen. Sie sind eigensinnig. Mit den Pfeilen, mit denen die Eingeborenen nach ihnen schießen, kann man sie nicht aufhalten. Die Männer von der Miliz sind mit Schnellfeuergewehren ausgerüstet. Ich höre die Schüsse, die in rascher Folge fallen. Ich höre das wütende Trompeten der Elefanten. Ich will bei diesem Kampf, der letzten Endes durch die waffenmäßige Überlegenheit des Menschen zu ungunsten der Dickhäuter ausgehen muß, nicht dabei sein.
Einer der Eingeborenen hat mir verraten, daß er den Rhinozerossen an den Ausläufern der wildromantischen Hügel von N'Di, an der Grenze zwischen Kenia und Tanganjika begegnet sei. Ich muß einen weiten Bogen schlagen. Der Distriktchef hat mir einen der Lastwagen zur Verfügung gestellt. Er vermutet, daß mein Bericht über den Verbleib der fliehenden Rhinozerosse für ihn von Wichtigkeit sein könne.
Ich folge ihren Spuren. Wo ich Eingeborene treffe, erzählen diese mir, daß die große Flut der Tiere mit dem Horn auf der Nase vorübergebraust sei, daß der Boden zitterte, als sie kamen.

Die Revolte der Rhinozerosse

Ich weiß, daß ich mich einer Herde von Nachfahren prähistorischer Ungeheuer nähere. Es sind Tiere mit einem undurchdringlichen Panzer; Lebewesen also, die nicht mehr in unsere Zeit hineinpassen, unberechenbar, manchmal gutmütig, aber des öfteren schlechtgelaunt und so kurzsichtig, daß man sie fast als blind bezeichnen kann. Diese Kurzsichtigkeit ist es gerade, die sie so gefährlich werden läßt. Im Bewußtsein ihrer Stärke, in der Gewißheit und im Gefühl ihrer ungeheuren Kraft greifen sie alles an, was ihnen in den Weg kommt, ohne erst zu sehen, was es eigentlich ist.

Vor vielen Jahren fuhr ich mit der Kenia-Bahn in den Busch. Der Zug entgleiste mitten in der Nacht. Es gab ein furchtbares Getöse, und wir arbeiteten uns mühsam aus unseren Abteilen hervor. Abgesehen von einigen Hautabschürfungen war nicht allzuviel passiert; denn damals gab es noch keinen Kenia-Expreß, und unser Zug war wegen der Nacht langsam durch den Busch gefahren. Die Lokomotive lag neben den Schienen, auf der anderen Seite der Geleise erblickten wir ein gewaltiges Rhinozeros, eine Rhinozeros-Dame, die aus irgendeinem Grunde plötzlich von einer furchtbaren Wut befallen war und den Zug angegriffen hatte.

Dieses Rhinozeros war stark genug, und das hohe Gewicht von mehreren Tonnen reichte aus, um mit cholerischem Temperament eine Lokomotive älterer Konstruktion aus den Schienen werfen zu können.

Das war meine erste Begegnung mit einer Rhinozeros-Dame, mit dem Tier, das unter allen Geschöpfen unseres Planeten der furchtbarsten und unberechenbarsten Wut fähig ist.

Später erfuhr ich, daß Rhinozerosse freundlich, liebenswürdig und monate- oder jahrelang »gesellschaftsfähig« sein können, sich mit Herden anderer Tierarten ausgezeichnet vertragen und dann plötzlich, ohne daß jemand sagen könnte, weshalb, sich wenden und dann angreifen, was ihnen vor die Hörner kommt. Eine halbe Stunde später können sie wieder brav und still sein, als sei nichts geschehen. Sie greifen heute kaum noch Lokomotiven, dafür aber Lastwagen an. Sie haben keine Angst vor einer Elefantenherde, es sei denn, daß sie zahlenmäßig überlegen ist. Sie sind schon gegen eine ganze Artillerie-Abteilung »marschiert« – und blieben Sieger; denn sie zerstampften die Geschütze, ehe diese gegen sie hätten eingesetzt werden können.

Ich mache mir immer wieder Gedanken, weshalb Rockefeller ausgerechnet ein Rhinozeros zu seinem Geburtstag will. Es gibt kein Tier auf der Erde, das häßlicher ist als ein Rhinozeros. Sieht man es zum erstenmal, dann hat man den Eindruck, daß die Natur sich irrte, als sie das Fell auf dieser Welt verteilte. Man möchte meinen, daß diese Haut einem Geschöpf gehörte, das dreimal so groß war wie ein Rhinozeros, und das dann geschrumpft ist, bis in dem weiten Fell das heutige afrikanische Rhinozeros übrigblieb.

In seiner ganzen Häßlichkeit war das Nashorn schon vor Jahrtausenden vom Menschen nicht zu übersehen. Der römische Kaiser Domitian ließ für seine Zirkusspiele Nashörner aus Afrika nach Rom bringen. Man kennt also das Nashorn, das Rhinozeros, in Europa seit mehr als zwei Jahrtausenden. Um so überraschender ist es, daß wir von diesem gewaltigen Tier auch bis zum heutigen Tag kaum mehr wissen, als vor zweitausend Jahren der römische Schriftsteller Plinius über das Nashorn schrieb.

Es gibt in den größten Bibliotheken der Welt keine Monographie des Nashorns. Wir wissen kaum etwas über seine Lebensgewohnheiten und sein Verhalten in der freien Wildbahn. Immerhin versuchen heute die Tier-Psychologen, nachdem ich manchem von ihnen eingehend ins Gewissen redete, nicht mehr die Behauptung aufzustellen, das Nashorn sei ein Dummkopf, wie man es zweitausend Jahre hindurch immer wieder weitererzählt hatte.

Ich habe im Laufe meiner Jagdreisen allen fünf Nashornarten, die es auf der Welt gibt, nachgespürt. Es gibt:

das indische Panzer-Nashorn, das wohl nur noch in vierhundert Exemplaren existiert;

das Java- oder Schuppen-Nashorn und das Sumatra-Nashorn. Beide sind so selten geworden, daß sie heute wohl in keinem zoologischen Garten zu sehen sind;

ferner die beiden Arten, die es in Afrika gibt:

das schwarze Nashorn, das einer spitz auslaufenden Oberlippe wegen auch wohl Spitzmaul-Nashorn genannt wird, und

das weiße oder Breitmaul-Nashorn. Auch diese beiden sind sehr selten geworden.

Ich kann mich rühmen, einer der wenigen Menschen zu sein, die schon alle fünf Arten gesehen haben.

Breitmaulnashorn

Ungeachtet seiner Wutanfälle ist dieses gewaltige Geschöpf ein harmloser Pflanzenfresser, und ich habe mich immer gefragt, wer diesem so seltsamen Tier wohl den Tod geschworen hat.

Wenn heute die Nashörner von der Ausrottung bedroht sind, dann ist nicht die Jagd in der von mir oftmals beobachteten Maßlosigkeit schuld daran. Das Nashorn hat einen ganz anderen Feind, einen unerbittlicheren und furchtbareren Gegner, der sich nicht greifen läßt, der Jahrtausende alt ist, den es in der ganzen Welt gibt: den Aberglauben, der das Nashorn zum Aussterben bringt.

Denn die Chinesen behaupten seit fünftausend Jahren (und viele andere Völker seit Jahrhunderten), daß es auf der Welt kein unfehlbareres Verjüngungsmittel gebe als das gemahlene Horn des Rhinozerosses.

Dieses Horn nun, von welchem die asiatischen Arten eins und die afrikanischen deren zwei (ein großes und ein kleines) auf der Nase tragen, wird in den geheimnisvollen Arzneihandlungen der Hafenstädte im wahrsten Sinne des Wortes mit Gold aufgewogen.

Dieser Feind kennt kein Mitleid; dieser Feind ist geldgierig; denn er zieht seinen Gewinn aus der größten Sehnsucht der Menschheit, aus der Sehnsucht nach einem ewigen Leben, aus dem Glauben, über den Tod siegen zu können.

Das alles geht mir durch den Sinn, während wir durch das Hügelgelände von N'Di fahren. Wir haben die Spur aufgenommen und wissen jetzt, wo wir die Rhinozerosse antreffen. Sonst begegnet man ihnen immer nur einzeln. Sie leben allein oder nur während der Paarungszeit mit dem Partner, den sie sich erwählt haben.

Nun erkenne ich, weshalb die Rhinozerosse diesen Weg gegangen sind: Ihr Instinkt, der stärker ist als das sogenannte Zweite Gesicht, führte sie.

Noch einige Dutzend Kilometer, und wir sind an der Eisenbahnlinie Kenia–Tanganjika, die durch die Ausläufer der N'Di-Hügel führt. Wir haben einen großen Umweg gemacht und landen genaugenommen wieder dort, wo ich vor ein paar Tagen die Eisenbahn an ihrer letzten Station verließ.

Ich hatte neben den Schienen große Metallbehälter gesehen, von denen man mir sagte, daß dort immer Wasser für die Dampflokomotiven bereitgehalten würde, damit ihre Kessel aufgefüllt werden könnten.

Der Duft des Wassers muß durch die Metallwände bis in die ausgedörrten Waldungen, bis in das Hügel-Vorgelände gedrungen sein. Und nun erleben wir das Schauspiel, daß genau wie die Ortschaft Voi, zu deren Entsatz wir ausgezogen waren, nunmehr N'Di belagert ist, aber nicht von Elefanten, sondern von Rhinozerossen.

Ich sage mir, daß diese Wasserkessel aus stärkstem Eisenblech gemacht sind, mehrere Zentimeter dick, um zu verhindern, daß das Wasser verdunstet. Ich hätte meine Hand dafür ins Feuer gelegt, daß diese Wasserbehälter unzugänglich, unangreifbar sind.

Aber ich werde Zeuge eines unheimlichen Kampfes gewaltiger Tiere gegen die tote Materie, die der Mensch zu seinen Zwecken umgestaltete. Ich beobachte aus sicherer Entfernung erst zwölf und dann sechzehn gewaltige Nashörner, die wie Panzerwagen gegen die Zisternen der Eisenbahn vorstürmen. Ich höre das Raunen und das dumpfe Brüllen. Dann auf einmal ist es geschehen.

Die Metallwände geben nach. Die Hörner der Rhinozerosse sind stärker. Die Zisterne ist zerrissen, gesprengt; in breitem Strahl schießt das Wasser hervor.

Zwei Männer, zwei Eingeborene, deren Aufgabe es war, mit einem Gewehr bewaffnet die Zisterne zu beschützen und Mensch und Tier fernzuhalten, haben sich längst auf die höchsten Bäume geflüchtet. Sinnlos verrinnt das Wasser und wird von einem durstigen Boden aufgesogen, während die Tiere sich unter dem Strahl so drängen, daß eigentlich keines von ihnen einen Schluck mit dem gewaltigen Maul nehmen kann.

So furchtbar wie dieser Sturm auch war, so rennen die Tiere eine kleine Weile später, während der Boden unter ihren Füßen erzittert, irgendeinem anderen Ziele nach.

Aber dann erlebe ich die gewaltige Revolution der Rhinozerosse. Sie müssen sich's überlegt haben. Plötzlich sind sie wieder da. Zum zweiten Mal stürmen sie die Zisterne. Da sie kein Wasser finden, werden sie von einer wahnwitzigen Wut gepackt. Sie verwandeln das Gelände im Bereich von einem Quadratkilometer in eine Landschaft, von der man sagen könnte, daß dort ein furchtbarer Krieg getobt haben muß. Sie zerstören die Zisternen und die Schienen, sie fällen die Bäume, sie toben, sie wüten, sie wühlen den Boden auf. Nichts findet Gnade vor ihnen.
Sie haben uns Menschen noch einmal gezeigt, daß es im Busch und in der Savanne Stärkere als die Weißen und die Schwarzen gibt.

Die furchtbarste Waffe: der schwächste Punkt!

Das Nashorn, das Rhinozeros, ist mit einer der stärksten, furchtbarsten Waffen ausgerüstet, die die Natur einem Lebewesen verliehen hat. Dieses anatomische Wunder erreicht außergewöhnliche Maße. Ich habe ein schwarzes Rhinozeros gesehen, das ein Horn von 1,35 Meter Länge hatte. Einer meiner Jagdfreunde erlegte ein weißes Rhinozeros, das wahrscheinlich den Rekord mit 1,50 Meter Hornlänge hielt.
Ich muß mit einem Irrtum aufräumen, der in der ganzen Welt verbreitet ist und dem ich sogar bei verschiedenen Zoologen begegnet bin. Das Horn des Rhinozerosses wächst keineswegs, wie man annehmen könnte, aus dem Schädel des Tieres hervor, sondern es sitzt in einer recht lockeren Form in der Kopfhaut.
Ein weiteres Kuriosum: dieses Horn besteht keineswegs aus Knochen, sondern einfach aus fest zusammengepreßten Haaren. Trotzdem ist dieses Horn, wie ich immer wieder beobachten konnte, stabil genug, um nicht zu zerbrechen, wenn ein Rhinozeros mit ihm gegen ein festes Ziel anstürmt. Vielleicht hält es deshalb soviel aus, weil es – aus Haaren bestehend – bei aller Festigkeit eine gewisse Elastizität aufweist.

Wenn ich schon sagte, daß die Hörner des Rhinozerosses die Ursache seines Untergangs sind, dann ist nicht nur der Aberglaube daran schuld, der dieses Horn in den Arzneihandlungen Afrikas und Asiens als wundersames Mittel auftauchen läßt. Dieses Horn besitzt auch einen sogenannten schwachen Punkt – sagen wir es noch deutlicher: den schwächsten Punkt in der ganzen Existenz eines Nashorns. Wenn zum Beispiel eine Kugel die äußerste Spitze eines Horns trifft, fällt das Rhinozeros um und ist während sechs bis acht Sekunden bewegungsunfähig.

Ich habe diesen Vorgang selbst ein halbes Dutzend Mal beobachtet und mir zweimal zunutze gemacht, um mir jüngere Nashörner auf diesem verhältnismäßig bequemen Weg zu fangen. Ich sprach mit bekannten Zoologen über diesen so seltsamen Vorgang. Sie sind der Ansicht, daß dieser »psychische« Zusammenbruch des Nashorns, der während der sechs bis acht Sekunden auch eine körperliche Niederlage nach sich zieht, zurückzuführen ist auf einen starken kurzen Schlag, wie eine Kugel ihn verursachen kann, der sich unmittelbar auf das Gehirn überträgt. Andere Schocks, die erheblich stärker, aber weniger hart, das heißt kurz sind, können vom Horn aufgefangen werden und wirken sich auf Grund der erwähnten Elastizität nicht als Bewegungs- und Kampfunfähigkeit aus.

Die seltsame Verwundbarkeit, die Empfindsamkeit des Nashorns auf dem Umweg über sein Horn steht in einem überraschenden Gegensatz zu der sonst unglaublichen Widerstandsfähigkeit eines Rhinozerosses.

Ich nahm vor vielen Jahren an einer Safari, einer Jagdgesellschaft, teil. Ein unglücklicher Jäger, dem ich zugeteilt war, schoß ein Rhinozeros an, verletzte das Tier aber nur am linken Hinterbein. Ich habe selbst erlebt, daß dieses Rhinozeros seinen Angreifer über sieben Kilometer in wilder Wut verfolgte.

Ein anderes Rhinozeros kam mir vor die Augen, das buchstäblich von Kugeln durchlöchert war und über fünfhundert Meter lief, ehe das Tempo nachließ und die Kräfte zu schwinden begannen.

Den Zoologen, die mich wegen der Nashörner befragten, habe ich immer wieder versichert, daß das Rhinozeros mit der Leichtigkeit und mit der Beweglichkeit eines Ponys zu laufen weiß.

Auf der Verfolgung eingeschlafen!

Das gefährliche und furchtbare Horn, die Schnelligkeit, die das Rhinozeros zu entwickeln weiß, würden aus ihm einen gefährlichen Gegner machen, wenn dieses Tier sich so benähme wie andere Tiere, und das ist nicht der Fall. Alles ist ungewöhnlich und unwahrscheinlich im Verhalten eines Nashorns. Ich sprach schon von den plötzlichen und vollkommen unberechenbaren Wutanfällen, die wie eine Explosion das eben noch friedliche Tier in ein rasendes Ungeheuer verwandeln. Mir sagte ein Tier-Psychologe, daß das Rhinozeros plötzlich vom Verfolgungswahn befallen wird; es ist ein echter Wahnsinn, ich habe es beobachtet. Es ist eine Panik ohne jede Vernunft. Das Nashorn flieht vor einer Gefahr. Aber manchmal weiß es nicht, woher die Gefahr kommt und wohin es fliehen soll und warum es da oder dort angreift. Die Augen sind so schwach, daß das Rhinozeros einen Menschen nicht von einem Wagen und einen Wagen nicht von einem Pferd unterscheiden kann.
Ich hatte selbst einige gefährliche Erlebnisse mit Nashörnern und bin einmal elf Kilometer gelaufen, weil ein männliches Nashorn mich in einer Ebene verfolgte, in der es kein Ausweichen, kein Tarnen, kein Verschwinden gab. Aber den größten Schrecken erlebte ich, als ich, ohne es zu wollen, eine Nashorn-Mama kränkte, indem ich den Versuch machte, das Nashorn-Baby einzufangen, wie es eine meiner Aufgaben damals verlangte. Es war eine regelrechte Tollwut, die diese Rhinozeros-Mama packte. Dann erlebte ich das, was der große Zoologe Ken Scott mir mehr als einmal sagte, wenn wir von Nashörnern sprachen:
»Dieser Koloß lebt in Wirklichkeit in ständiger Furcht. Das Rhinozeros leidet an einem Furchtkomplex und greift

deshalb unablässig an. Kommt aber die geringste Ablenkung – dann reagiert das Nashorn plötzlich nicht mehr.
An einem späten Abend wurde ich einmal von drei Nashörnern verfolgt. Schließlich wußte ich keinen anderen Ausweg mehr und blieb stehen, wobei ich meine Taschenlampe in kurzen Abständen aufblitzen ließ. Die Nashörner stutzten und – machten kehrt und liefen in furchtbarer Angst davon.
Ich floh einmal vor einem einzelnen Nashorn. Da die Ausdauer des Nashorns größer war als meine eigene, sah die Situation für mich gefährlich aus. Da sah ich vor mir in der Savanne einen mannshohen Busch. Ich sprang hinter den Busch und lief gewissermaßen im Blickfeld des Tieres so davon, daß das Nashorn mich – durch den Busch verdeckt – nicht sehen konnte. In einiger Entfernung warf ich mich zu Boden und sah nun, wie das Tier sich auf den Busch stürzte, diesen kurz und klein trampelte, bis nichts mehr davon übrig war. Mit der Miene eines Siegers zog das Nashorn schließlich von dannen.«
Soweit die Erzählung meines Freundes Scott. Was er mir sagte, fand ich einige Jahre später am praktischen Beispiel bestätigt. Damals hatte ich – wie bei dieser Reise – den Auftrag, Rhinozerosse lebend heimzubringen.
Ich hatte noch nicht die Routine, die man nach einigen gefährlichen Jagdabenteuern besitzt. Einer meiner Jagdbegleiter, ein Eingeborener, wurde von wilder Angst gepackt, als ein Rhinozeros plötzlich auf uns zustürmte. Der Ängstliche hatte zu allem Unglück auch noch die Waffe mitgenommen, die ich damals verwenden wollte, um mit einer neuen Form von Gaspatronen zu versuchen, Rhinozerosse in einer kurzen Betäubung zu meinen Gefangenen zu machen.
Ich suchte mein Heil schließlich wie der Schwarze, der mit meinem Gewehr davongelaufen war, in der Flucht. Aber während das Nashorn den Mann mit der Flinte vergaß, verfolgte mich der Koloß mit der Geschwindigkeit einer Lokomotive. Ich lief und lief – achtete dabei darauf, daß

meine Füße nicht über irgendeine teuflische Wurzel stolperten.
Dann und wann warf ich über die Schulter einen Blick nach rückwärts. Auf einmal merkte ich, daß der Riese mich nicht mehr verfolgte. Ich blieb stehen, schaute zurück und erlebte die einzigartige Überraschung, daß das Rhinozeros, dieser Koloß, der mich zerstampft und niedergewalzt hätte, stehengeblieben war, den Kopf gesenkt hielt und – einen tiefen Schlummer tat.
Das klingt alles so unwahrscheinlich wie das Jägerlatein, über das ich selbst einst lächelte. Doch dann erfuhr ich, daß die Wirklichkeit immer noch unwahrscheinlicher ist als das, was der Mensch erdenken kann.
Auf dieser Jagdexpedition, die ich unternahm, um den Auftrag Rockefellers zu erledigen, der zu seinem Geburtstag ein Rhinozeros wollte, kamen das Jagdglück des Tierfängers, der Zufall und jene Dürreperiode mir zu Hilfe.
Es hatte sich unter den Eingeborenen herumgesprochen, daß ich Rhinozerosse suche. Man wußte, daß ich kein ausgewachsenes Rhinozeros fangen und verladen konnte. Aber auf der Flucht vor der Dürre, dem Durst, dem Tod hatten hier und da Nashorn-Mütter, die sonst ihre Jungen mit einer unwahrscheinlichen Liebe betreuen, den Instinkt verloren, der ihnen gebietet, mit ihrem eigenen Leben für ihre Jungen einzutreten. Für die Natur kam es wohl im Augenblick darauf an, vor allem die Muttertiere zu retten, und diese Natur ließ die Stimmen der Mütterlichkeit in den Nashorn-Mamas verstummen.
Noch nicht so widerstandsfähig wie die ausgewachsenen Nashörner, noch nicht so rücksichtslos, wie ein großes Nashorn vor einer vermeintlichen oder echten Gefahr sein kann, waren drei Nashorn-Babys zurückgeblieben. Ich hatte den Eingeborenen Prämien ausgesetzt. In Tag- und Nachtmärschen kamen sie und meldeten, daß sie für mich Nashörner gefangenhielten, die sie mit ihrem letzten Wasser tränkten, für die sie schattige Strohdächer gebaut hatten. Aber sie trieben mich zur Eile an; denn sie wußten nicht, wie lange die Umzäunungen halten würden,

hinter denen die Nashorn-Babys vorläufig friedlich und ängstlich und in Erwartung der Rückkehr ihrer Mama sich mit ihrer neuen Umgebung vertraut machten.
Sie waren schon groß genug, um nicht mehr daran zugrunde zu gehen, daß die Mutter ihnen fehlte. Als ich eintraf, hatten die Eingeborenen schon eine Diät für die Rhinozerosse entwickelt, die es mir möglich machte, die nicht sehr schönen, aber interessanten und hochbezahlten Tiere durch die glühende Hitze einer ausgetrockneten Landschaft zu der nächsten Eisenbahnstation zu schaffen. Dort war man eben dabei, neue Wasserbehälter aufzustellen, diesmal noch sicherer, noch stärker, noch höher gelagert, als es bisher üblich war.
Die Zeit der Rhinozerosse, so sagt man, soll sich heute schon nach Jahren zählen lassen. Mir sind große Schutzgebiete, die man in Afrika anlegt, bekannt. Ich war in Indien und erfuhr dort, daß die Internationale Union zur Erhaltung von Naturschätzen Riesensummen bereitgestellt hat, um diese Dickhäuter vor dem Aussterben, der Ausrottung zu bewahren. Ich reiste in das südliche Nepal, in das Hauptverbreitungsgebiet des Panzer-Nashorns, und traf auf den Regierungsbeamten der nepalesischen Regierung, der mir erzählte:
»Der König hat verfügt, daß alle Wilddiebe, alle Wilderer, die auf Nashörner schießen, von uns ohne Anruf unter Feuer genommen werden. Sie werden wie ihre Helfer mit lebenslänglichem Zuchthaus bestraft.«
Ich weiß, weshalb man in Nepal mit so harten Bestimmungen gegen die Nashornjäger vorgehen muß. Wenn man den Hindu-Göttern Nepals ein Opfer bringt, dann muß es ein blutiges Opfer sein. Am höchsten aber schätzen die Götter das Fleisch und – das Blut des Nashorns.
König Mahendra, eine Reinkarnation des Gottes Wischnu, aber gleichzeitig ein leidenschaftlicher Jäger, der König, der jene harten Bestimmungen gegen die Wilderer erließ, brachte seinen göttlichen Ahnen noch in diesen Tagen ein Opfer aus dem Blut eines von ihm selbst erlegten Panzer-Nashorns.

Niemand kann sagen, wieviel Nashörner auf der Erde noch leben. Vielleicht gibt es in Afrika ihrer noch 1000, in Nepal sollen es 450 sein, 300 in Assam und 50 in Bengalen.
Aber – für das Horn eines Rhinozerosses zahlt man in den Apotheken Afrikas und Südostasiens 8000 bis 10000 DM. Das ist ein ungeheures Vermögen für einen Wilderer in einer Welt, in der Geld noch einen hohen Wert hat. Außerdem glaubt der Schütze auch für sich selbst an die unheimliche Kraft, die das Horn des Rhinozerosses bescheren soll – die Kraft des Lebens, die Kraft der Liebe – das ewige Leben!
Ich habe nach langer Pause von meinem Freund Rockefeller einen Dankesbrief bekommen für das Rhinozeros, das ich ihm zu seinem Geburtstag lieferte. Er meinte, es sein ein wenig klein gewesen, aber inzwischen sei ein gewaltiger Koloß, ein Nashorn-Bulle, daraus geworden, der auf dieser Erde seinesgleichen suche. Wenn ich an das Nashorn-Baby denke, das ich für Rockefeller verschiffte, an die anderen jungen Rhinozerosse, die ich damals auf den Weg brachte, dann fallen mir die Jagdabenteuer wieder ein, die ich erlebte, als ich den Riesen Aug' in Aug' gegenüberstand...

Von großen und kleinen Flußpferden

Das Flußpferd war der Riese unter den Tieren, auf den ich zuerst neugierig wurde – als Junge in der Schule, als ich unversehens auf das »Buch Hiob« stieß und dort las: »Siehe, der Behemoth, den ich neben dir gemacht habe, frißt Heu wie ein Ochse. Seine Knochen sind wie festes Erz, seine Gebeine sind wie eiserne Stäbe. Er liegt gern im Schatten, im Rohr und im Schlamm verborgen. Das Gebüsch bedeckt ihn mit seinem Schatten, und die Bachweiden bedecken ihn. Siehe, er schluckt in sich den Strom und achtet es nicht groß; man könnte glauben, er wolle den Jordan mit seinem Munde ausschöpfen.«
Mein Lehrer sagte mir damals, das sei nicht ein böser

Traum gewesen, sondern es handle sich bei diesem Behemoth ganz einfach um eine Schilderung des Nil- oder Flußpferdes.

Ich las diese Stelle immer wieder, und wo ich etwas über das Flußpferd entdecken konnte, da schlang ich es in mich hinein und wartete nur auf die Stunde, in der ich einst hinausziehen könnte, um den Riesen zu sehen, der einen ganzen Fluß mit seinem Mund ausschöpfen kann.

Es vergingen viele Jahre darüber. Inzwischen hatte ich vieles über das Flußpferd erfahren. Ich wußte von den klobigen Schneidezähnen, den furchtbaren Hauern im Unterkiefer, den dicken Backenzähnen. Denn ich hatte das Flußpferd auf manchen Bildern gesehen und in Büchern von ihm gelesen.

Eines Tages war es soweit; denn ich hatte meine erste Begegnung mit einem Hippopotamus, wie das Nil- oder Flußpferd in der Sprache der Zoologen heißt. Aber ich fand es nicht mehr am Nil, nicht mehr in Unterägypten und auch nicht mehr am südlichen Ende Afrikas. Man hatte es dort ausgerottet und verscheucht. Ich gestehe offen, daß ich entsetzt war, als ich ihm zum ersten Mal gegenüberstand. Mein Eindruck war der: Das Flußpferd hat die Gestalt eines riesigen Schweines; aber der Kopf ist bei ihm im Verhältnis viel kürzer; die Schnauze ist breit und angeschwollen und mit dicken Borsten besetzt. Die kleinen Schweinsaugen sitzen hoch oben.

Der außerordentlich dicke Körper wird bis vier Meter lang und am Widerrist bis anderthalb Meter hoch.

Dieser mächtige Körper sitzt auf den Säulen, die beim Flußpferd Beine und Füße heißen; und die Beine sind so kurz, daß der Bauch fast am Boden dahinschleift.

Ich erfuhr bald unter recht gefährlichen Umständen, weshalb das Flußpferd kleine Schweinsaugen hat und so merkwürdige Ohren und Nasenlöcher, die geschlossen werden können. Alles liegt in der gleichen Ebene, und so kann sich das Tier im Wasser verbergen, allein nur das Gesicht ein wenig über die Oberfläche hebend, um zu atmen und um seine Feinde zu entdecken.

Ein Flußpferd frißt ein Boot!

Ich hatte damals den Auftrag, Binnenland-Seevögel zu fangen, die man nur noch in einigen Gegenden Afrikas findet. Wir waren seit vielen Wochen unterwegs. Das Jahr oder die Zeit war uns nicht günstig. Manche der Seen, an denen die Eingeborenen die seltenen Vögel noch vor kurzem gesehen haben wollten, waren ausgetrocknet.

Als wir endlich einen kleinen idyllischen Steppensee entdeckten, da begegnete ich nicht nur den seltenen Vögeln, die ich bald mit unseren Netzen gefangen hatte, sondern ich traf auf überraschenden Reichtum tierischen Lebens, wie ich ihn hier gar nicht erwartet hatte.

Nilpferde drängten sich in diesem See zusammen. Ich wußte erst gar nicht, was diese vielen kleinen Fontänen, die in der Sonne glitzerten, zu bedeuten hatten, und dann erkannte ich, daß es der den Nüstern der Nilpferde entweichende Wasserstaub war. Die Tiere hatten sich unter der Gluthitze des Sommers in das Wasser zurückgezogen und atmeten, prusteten und führten neben den fischenden rosaroten Pelikanen ein anscheinend recht besinnliches Dasein.

Ich wußte, daß das eigentliche Leben und Treiben dieser Giganten der Tierwelt sich erst zur Nachtzeit abspielen würde – unsichtbar vor unseren Augen. Glücklicherweise war ich mit den nötigen Geräten ausgerüstet, um die Tiere auch bei Nacht photographieren zu können. Aber ich hatte schon einmal erlebt, daß der ungeheuer starke Instinkt der Flußpferde sie vor allem warnte, was ungewöhnlich war und deshalb gefährlich sein konnte.

Übrigens erzählt man sich dieses schon seit den Tagen des großen griechischen Geschichtsschreibers Herodot, der allerdings grundsätzlich die Ansicht vertrat, daß das Flußpferd bösartig, angriffslustig und gefährlich sei.

Ich machte mit dem Flußpferd, dem Kiboko, wie dieses Tier in der Suaheli-Sprache Afrikas heißt, manch andere Erfahrung und lernte reizende Nilpferde kennen. Mein allererstes Erlebnis allerdings hätte mich fast veranlassen

können, vom Flußpferd ähnlich zu denken wie die meisten Reisenden, die ihm in den letzten zwei- oder dreitausend Jahren begegneten.
Was konnte mir am Ufer dieses Steppensees von den Flußpferden schon Böses zustoßen! Ich wußte, daß sie sich nur nachts aus dem Wasser wagen würden, um Wurzeln und saftige Pflanzen zu suchen.
Sie schwammen draußen im See umher. Diese gewaltigen Tiere hatten eine unheimliche Fähigkeit, sich schnell im Wasser fortzubewegen.
Mitten in diesem See lag eine kleine Insel. Meine Augen erspähten mit dem Fernglas, daß auf dieser kleinen Insel merkwürdig gestaltete Vögel zu nisten schienen. Plötzlich kam mir der Gedanke, zu dieser Insel hinüberzusetzen. Die kleinen Wasserstaub-Fontänen in der Nähe des südlichen Ufers glitzerten in der Sonne. Ich umging den See und wollte die Insel von Westen her ansteuern.
Nur ein Eingeborener begleitete mich. Wir hatten ein Faltboot bei uns, das schnell zusammengesetzt war, und ruderten auf die Insel zu. Ich hatte plötzlich das Empfinden, daß hier und da im Wasser Baumstämme trieben, und wollte den Eingeborenen nach der Herkunft dieser Stämme fragen. Aber ich kam nicht mehr dazu, meine Worte in Suaheli zu formen. Der Eingeborene hatte die Unvorsichtigkeit begangen, mit seinem Ruder einen dieser Baumstämme zu berühren. Da geschah etwas Furchtbares, was ich bestimmt mein ganzes Leben lang nicht vergessen werde:
Die »Baumstämme« ringsumher verwandelten sich in Flußpferde. Die sonst sehr harmlosen Tiere wurden von einer blinden Wut ergriffen. Sie fühlten sich gereizt oder angegriffen. Ich sah gewaltige Mäuler mit lang vorragenden Zähnen, die nach unserem Faltboot schnappten, sah in Schlunde hinein, die so mächtig waren, daß sie einen Menschen bequem zermalmen konnten.
Ich verlor für Sekunden die Zuversicht, die mir sonst in meinem ganzen Leben zu eigen war. Diese Gefahr kam so unversehens, so ganz und gar unerwartet. Ich hielt wirk-

lich die Flußpferde für die harmlosesten Lebewesen der Welt und wollte Herodot nicht glauben, der sie als gefährlich und bösartig bezeichnet hat.
Der Neger mit dem Boot schlug mit dem Ruder wild um sich und stieß gellende Schreie aus. Man konnte sie drüben am Ufer hören. Ich sah, wie die Eingeborenen ins Wasser sprangen und einhändig schwimmend, mit großen Steinen in der anderen Hand, näherkamen, um nach den Köpfen der Tiere zu werfen.
Mir wurde auf einmal der Boden, besser gesagt, das Boot unter den Füßen weggezogen. Jetzt brauchte nur eines dieser riesigen häßlichen Tiere nach mir zu schnappen und – mich unter Wasser zu ziehen.

Flußpferd-Bulle

Ich weiß nicht, welcher gute Geist mir den Gedanken eingab, auf einen der Kolosse zu springen und von dort auf den nächsten und den dritten und den vierten – in gewaltigen blitzschnellen Sätzen –, bis ich schließlich das freie Wasser erreicht hatte, mich dann in die Fluten warf und mit schnellen Schwimmstößen dem Ufer zustrebte.
Aber ich konnte mich beeilen, wie ich wollte, eines der Kibokos, ein Flußpferd also, schien mich erspäht zu haben. Meine Geruchsspur schien ihm zu behagen. Der Koloß folgte mir. Ich hatte endlich Boden unter den Füßen und watete aus dem Wasser. Aber ich hatte nicht damit gerechnet, daß das Flußpferd sich mit der gleichen Schnelligkeit und Behendigkeit auf dem Lande bewegen konnte wie im Wasser. Selten wurde ich in meinem Leben so hart bedrängt wie in jenen Minuten. Selbst wenn ich in diesem Augenblick eine Waffe besessen hätte, es wäre nutzlos gewesen, denn eine nicht sofort tödliche Kugel hätte den Koloß nur noch mehr gereizt. Im Galopp kam das Tier hinter mir her. Ich dachte an die Geste der Eingeborenen, die im Wasser mit Steinen nach den Kibokos warfen. Im Laufen griff ich einen großen Stein auf, blieb stehen und zielte wie mit einem Ball nach einem der kleinen Schweinsaugen. Was einer Kugel vielleicht nicht gelungen wäre – der Stein, der gleich ins Auge ging, schreckte das Tier und brachte es von der Richtung ab. Es schlug einen Haken, und dieser war es, der mir das Leben rettete, wenn ich es mir überlege.
Dabei war das Ufer, an welchem ich emporkletterte, ziemlich steil; ich hatte nie geglaubt, daß ein Flußpferd, plump, breit und schwer, ein solches Steilufer nehmen könnte.
Einmal vom Weg abgekommen, verwirrt, nervös gemacht, suchte das Tier den Rückweg ins Wasser zu den anderen. Ich fand später am Victoria-See große Fallen, die die Eingeborenen dort errichtet hatten, um Flußpferde zu erlegen. Sie hatten an Steilufern Klötze angebracht. Sie reizten die Flußpferde zum Angriff, ließen dann aus der Höhe hölzerne Stäbe nach unten schießen, deren Spitzen

mit einem starken Gift bestrichen waren. Die Wucht des Falles durchstieß den Panzer. Die Tiere konnten sich vielleicht noch in das Wasser retten, untertauchen, um dann aber verendend an die Oberfläche des Sees oder des Flusses emporzutauchen.

Die merkwürdige, beinahe unheimliche Lebensgemeinschaft, die sonst Krokodile mit Flußpferden pflegen, wird in dem Augenblick unterbrochen und jäh und tragisch beendet, wenn ein Flußpferd verwundet oder tot ist. Sonst lebt man nebeneinander her. Man versteht sich gut; man warnt sich gegenseitig. Aber wenn der Nahrungsinstinkt durchbricht, wenn der Aasgeruch sich verbreitet, wenn das Sterben sich ahnen läßt, dann gibt es keine Freundschaft, kein Bedenken mehr. Dann kommen die Krokodile und zerreißen ihre Freunde von gestern und mästen sich an dem für sie so wohlschmeckenden Fleisch, bis nichts mehr übrigbleibt.

Dort, wo die Flußpferde nicht mit den Krokodilen eine Wach- und Warngemeinschaft geschlossen haben, da tun sie sich mit den Regenvögeln zusammen. Ich habe es im Ostsudan immer wieder beobachtet, daß die Regenvögel auf und neben den gewaltigen Riesen in stiller Freundschaft dahinleben und sich auch durch das gelegentliche Grunzen und Brummen der Tiere nicht schrecken lassen. Das Flußpferd weiß, daß, wenn der kleine aufmerksame Freund, der Regenvogel, zu kreischen beginnt und zu flattern anhebt, von irgendwoher Gefahr droht. Dann ist es klüger zu flüchten, ins Wasser zu gehen und vier oder sechs Minuten unter Wasser zu bleiben und nur aufzutauchen, um ein wenig Luft zu nehmen oder auch die Augen und die Ohren zu öffnen, um Umschau zu halten, ob die Gefahr, die eben noch drohte, inzwischen vergangen ist.

Bei meinem Abenteuer in jenem Steppensee, als die Kolosse in höchster Wut auf mich zukamen, da wurde das gefährliche Erlebnis in seiner ganzen Furchtbarkeit noch unterstrichen durch das Brüllen der höchsten Wut und Gereiztheit. Ich habe dieses Heulen, dieses Rauschen und

Blasen und Trompeten der Flußpferde oftmals in der Nacht gehört. Es war jedesmal ein ungeheuer tiefer Eindruck, der mir blieb, wenn diese Riesen ihre Stimmen erhoben, die fern im Urwald widerhallten, wenn ich erlebte, daß alle anderen Tiere schwiegen: Die Hyänen lachten nicht mehr, die Schakale bellten nicht, die Löwen hatten ihr Gebrüll eingestellt, und alle horchten auf die Stimme des Flußpferdes. Ich habe dieses gefährliche Erlebnis und dieses Brüllen der Riesen längst vergessen. Ich mußte mich mit ihnen aus Berufsgründen, weil die großen Tiergärten dieser Erde immer wieder Flußpferde von mir anforderten, vertragen. Die Natur kam mir insofern entgegen, als es erheblich leichter ist, junge Nilpferde aufzuziehen als junge Nashörner und Elefanten.
Ich versuchte es mit Fallgruben, in die ich erwachsene und halberwachsene Flußpferde hineintrieb. Aber in ihrer Angst und in ihrer Wut verletzten sie sich meist so, daß wir sie nachher nicht mehr aus ihren Gruben bergen konnten. Deshalb konstruierte ich große und kleine Fallen. Aber nur in den größten Fallen konnten wir die kleinsten Flußpferde einbringen. Es war jedesmal für uns ein großer Sieg über die Giganten der Natur, wenn wir ein kleines Flußpferd, das schon der Mama entwöhnt war, aber immer noch unter ihrer Obhut stand, einbringen konnten. Aber dann suchten wir schleunigst das Weite; denn wir fürchteten den Zorn der Flußpferd-Mutter.

Der gute und der böse Riese

Von den Riesen, die aus der Urzeit zu uns herüberkamen und durch unsere Welt geistern, dort, wo sie der Natur noch am nächsten sind, kann man nicht berichten, ohne den alltäglichsten dieser Riesen zu nennen, den jeder kennt, den jeder schon einmal sah – vom Elefanten. Es sind über ihn viele tausend Geschichten geschrieben worden, und doch ist jede Begegnung mit ihm neu wie ein junger Tag. Der Elefant mit der großen phantastischen Vergangenheit, die bis in die fernste Urzeit der Menschheitsgeschichte und der Erdgeschichte überhaupt hineinragt, tritt uns gespenstisch entgegen, wenn wir ihn auf einmal irgendwo in einem weltfremden Tal am Rande eines Urwaldes auftauchen sehen und aus der Dunkelheit der Welt, aus der er kommt, die blendend weißen Stoßzähne aufleuchten. Er ist der Nachkomme der ausgestorbenen Mammuts, und in seiner gewaltigen Wucht und Größe imposant und so erschütternd, wenn rechts und links von ihm krachend die dünnen Baumstämme zersplittern, wenn er sieghaft auf seine Art seinen Weg nimmt.

Als ich mich in die Geschichte des Elefanten, den ich später zu jagen berufen wurde, vertiefte, erfuhr ich, daß die beiden Elefantenarten, die heute noch leben, der afrikanische und der asiatische Elefant, die letzten Überbleibsel, die Nachfahren einer gewaltigen Familie sind, die einmal vor rund 50 Millionen Jahren die Erde beherrscht haben sollen.

Wenn die Forschung sich nicht täuscht, dann gab es nicht weniger als 352 Arten von merkwürdigen Riesentieren, die vom Mastodon bis zum Mammut alle zu den Ahnherren des heutigen Elefanten zu rechnen sind. Er fing einmal klein an. Zu Beginn des Tertiärs gab es auf der Erde einen winzigen Elefanten, der kaum 60 Zentimeter groß war und einem ausgewachsenen Hund geglichen haben dürfte.

Aber nach und nach ließ der Kampf um das Leben diese Tiere wachsen. Das Licht der Sonne, das sich damals durch einen dichten Wolkenschleier, der über der Erde lag, einen Weg suchte, regte mit seinen Strahlen das Wachstum an, so daß eines Tages aus dem Zwergelefanten, der nicht größer als ein Hund war, die Riesen wurden, von denen viele Arten zugrunde gingen.

Man hat den Elefanten einen Panzerwagen genannt. Der Vergleich ist zutreffend, wenn man den Giganten durch den Urwald stampfen sieht – ganz gleich, ob man dem dreieinhalb Meter großen Koloß in Afrika und dem drei Meter großen Elefanten auf Ceylon oder in Indien begegnet.

Eine Frage, die mir immer wieder gestellt wurde und an deren Beantwortung ich viele Jahre arbeitete und damit die Zoologen bei ihren Forschungsarbeiten unterstützte, lautet: »Wie konnte es nur geschehen, daß dem Elefanten ein Rüssel wuchs?«

Der Elefant war zu einem Koloß emporgewachsen, der sich kaum noch der Erde zuneigen konnte, wenn er sein Futter suchte. Die Natur hätte ihm einen langen Hals schenken können. Die Giraffen erlebten diese Entwicklung, als sie das Laub von den Bäumen fraßen. Dem Elefanten, der die Gräser des Bodens weiden wollte, schenkte statt dessen die Zauberin Natur – eine verlängerte Oberlippe.

Die Unterlippe blieb klein und bescheiden, die Oberlippe wurde länger und immer länger. Zusammen mit der Nase, also dem der Oberlippe aufgesetzten Riechorgan, entstand schließlich jenes Gebilde, das wir heute – den Rüssel nennen. So konnte sich der Elefant zweckentsprechend ernähren. Denn diese gewaltige lebende Fabrik braucht viele Nahrung: Zwei Zentner Heu oder entsprechende Mengen Laub und Gras pro Tag und, wenn sich's schaffen läßt, 200 Liter Wasser! Das ist der Riese, mit dem ich mich messen mußte, als ich auf Elefantenfang ging; ein schwieriges Geschäft und nicht immer erfolgreich.

»Zwei Elefanten unter deinem Bett!«

Die zauberhafte Mondnacht senkte sich langsam auf die feierliche und in dieser Stunde so stille und unendliche Steppe.

Hinter uns liegt der Urwald. Dorthin haben wir uns während des Tages zurückgezogen, um der brüllenden Hitze zu entgehen und um die Tiere zur Ruhe kommen zu lassen, die wir einen Tag zuvor aufgespürt und wohl verwirrt haben.

Die Spurensucher sind bei Einbruch der Dunkelheit von allen Seiten her eingetroffen. Einer meldet, daß er deutlich Elefantengeruch wahrgenommen habe. Er hat sich nicht weiter vorgewagt. Aber er sagt, der Geruch der Elefanten habe so nahe in der Luft gelegen, daß sie kaum zwei- oder dreihundert Meter von ihm entfernt gewesen sein müßten.

Wir wollten eigentlich ein junges Nashorn fangen; so lautete der Auftrag. Es sollte ein winziges Nashorn sein, das dann hinter den stärksten Gittern eines zoologischen Gartens zu einem Riesen, zu einem Koloß heranwachsen sollte, als sei er aus der Urzeit zu uns herübergekommen.

Drei Tage und drei Nächte lagen wir auf der Lauer. Dann hatte einer von unseren Eingeborenen eine Unvorsichtigkeit begangen: Er war zu früh aus der Deckung gegangen und – dann hatte ihn die Panik gepackt. Ein altes weibliches Nashorn hatte ihn gewittert, und da hatte er die Nerven vollends verloren und geschossen. Wir waren nur noch Zeugen, wie einer Lokomotive gleich die Nashorn-Mutter fauchte und schnaufte und die Welt um sich her zerstampfte auf der Suche nach ihrem Feind, nach dem Gegner.

Während sie tobte, hatten wir den Versuch unternommen,

das junge Tier abseits zu locken. Die Eingeborenen waren ausgeschwärmt, um das Junge zu fangen. Man wollte ihm ein Seil um die Beine werfen und versuchte es mit einem Netz. Aber es war schon erwachsen genug, um mit ein paar Menschen aufräumen zu können, und ergriff dann mit dem merkwürdig pferdeartig hochgehaltenen Schwanz die Flucht.

Es wäre ein so schöner Fang gewesen: Ein junges Nashorn mit Doppelhörnern. Wir verfallen einen ganzen Tag lang im Urwald geradezu in Schwermut und atmen auf, als nun der Späher kommt und sagt, daß er Elefantengeruch wahrgenommen habe. Ein zweiter Späher berichtet, daß er zwei Herden, zwei Familien gesehen habe, die draußen in der Steppe wie mächtige dunkle Klötze zwischen den Akazien stünden. Wir schleichen uns näher. Es ist noch hell genug, so daß wir mit den Ferngläsern die Gruppen ausmachen können. Da sehen wir, wie plötzlich einer der Elefantenbullen den Kopf reckt. Wie ist es nur möglich? Er kann von uns keine Witterung bekommen haben, denn wir haben uns der Gruppe gegen den Wind genähert. Aber er schwingt den Rüssel aufwärts, er bewegt die mächtigen Ohren, dieses Wahrzeichen des afrikanischen Elefanten. Und auf einmal kommt in die riesige Unbeweglichkeit der gewaltigen Tiermassen eine seltsame Nervosität. Sie lösen sich auf, es ist ganz so, als hätte man in ein Bienennest oder in eine Ameisenkolonie einen Feuerbrand hineingeworfen. Sie laufen nach allen Seiten so schnell auseinander, daß wir Gefahr laufen, ihre Spur zu verlieren; denn es wird nun auf einmal ganz plötzlich dunkel.

Wir sehen ein paar Schatten in zwanzig Meter Entfernung an uns vorüberhuschen. Es ist nicht unsere Aufgabe, auf Tiere zu schießen, sondern Tiere lebend heimzubringen. Wir geben unseren Leuten flüsternd Weisung, die Tiere nicht mehr außer Sicht zu lassen, ihnen auch in der Dunkelheit nachzuspüren, soweit es möglich sei, und morgen müsse man dann weitersehen.

Dann ziehen wir uns bis an den Rand des Urwalds zurück

– dorthin, wo wir den verflossenen Tag verbrachten. Das Schicksal und die Natur scheinen gegen uns zu sein. Wir verkriechen uns auf den Hochsitz, den wir im Laufe des Tages in der Krone eines Baumes einrichten ließen. Es ist eine richtige kleine Wohnung hoch im Baum.

Wir wollen unser Pech, das Schicksal, das gegen uns ist, verschlafen. Vielleicht kommt morgen ein besserer Tag.

Eine Stunde später stößt mich jemand in die Rippen. Es ist mein Jagdbegleiter.

»Leise! Mach das Blitzlicht und die Kamera fertig! Unter deinem Bett sind zwei Elefanten!«

Wir lugen über den Rand unseres Hochsitzes. Sie scheinen von uns keine Witterung zu haben. Es sind zwei mächtige Elefanten, die nacheinander Liebesgeschichten erzählen. Es ist der zarteste, der reizendste Liebesflirt, den ich je im Dschungel miterlebte.

Liebesgeflüster im Urwald

Eines haben der kleinere asiatische Elefant und der große, mächtige afrikanische Artgenosse gemeinsam: Bei aller Wildheit, die dem afrikanischen Elefanten eigen ist, bei all der unbändigen Kraft, die in ihm schlummert und die er dann und wann ausleben muß, ist er ebenso sozial, von einem tiefen Familiensinn und einem großen Liebesbedürfnis beseelt wie der andere Dickhäuter – drüben in Indien. Ich kenne kein Tier auf dieser Welt, das eine solche Fülle an Zärtlichkeit, aber auch an Schwermut und an Liebeskummer aufbringen kann – wie ein Elefant, wenn er verliebt ist oder seine Liebe enttäuscht wurde. Eine Hochzeit unter Elefanten bereitet sich sehr langsam vor. Die Verlobungszeit dauert viele Monate. In ihrer »Freizeit«, das heißt zwischen den Mahlzeiten und den langen Märschen, die die Elefantenfamilien auf ewiger Nahrungssuche unternehmen müssen, flirten sie miteinander in aller Unschuld.

Sie entwickeln einen Charme, um den mancher Bühnenstar sie beneiden könnte; sie tauschen mit ihren Rüsseln

Rundohrelefant

Zärtlichkeiten aus, sie, die fast Blinden mit den schwachen Augen, rücken ganz nah aneinander, um sich in das Weiße der Augen schauen zu können. Sie kneifen sich ganz zart mit ihrem mächtigen Mund. Sie geben sich dann und wann liebgemeinte Rippenstöße. Aber dann, wenn der Bulle, der die Gruppe anführt, oder die uralte Elefantenmutter, die die Regie übernommen hat, zum Aufbruch trompetet, dann sind sie wieder ganz bei der Sache und vergessen ihr Liebesspiel bis zur nächsten Freizeit.
Die große Zeit der Hochzeit ist zwischen Dezember und Februar. Wir schreiben Januar. Wir beobachten über den Rand unseres Hochsitzes, wie die Elefantendame sich bald kokett abwendet, aber dann wieder auf die Zärtlichkeiten ihres großen Partners scheinbar eingeht, um einen Augenblick später sich wieder von ihm abzuwenden.
Meist dauert diese Hochzeit drei Monate. Sie bleiben dann Seite an Seite. Sie schlafen Kopf an Kopf.
Es bereitet mir beinahe Kummer, dieses Liebesspiel zu stören, diesen Flirt zu unterbrechen. Aber mir ist ein Gedanke gekommen. Man hatte mir in New York eine neue Jagdflinte mitgegeben, die aber nicht mit Kugeln, sondern mit kleinen Kennzeichen geladen wird, die den Dickhäutern in das Fell geschossen werden können, so daß sie von nun an mit einer Markierung durchs Leben gehen, an der man sie immer wieder erkennen kann.
Ich will zwei Resultate zugleich erzielen: Ich gebe meinem Jagdhelfer Weisung, mit der Büchse auf die Elefantendame zu schießen, während ich Blitzlicht und Kamera auslöse. Wir versuchen, diese drei Dinge gleichzuschalten. Ich sah nie ein Liebespaar, das so entsetzt, so empört war, im zärtlichen Geflüster unterbrochen zu werden. Sie scheinen auf einmal zu begreifen, wo die Lauscher sitzen. Sie versuchen, den Baum umzureißen, auf welchem sich unser Hochsitz befindet. Aber der Baum ist zu stark. Elefanten sind in der Wut zu ungeheuren Kraftleistungen fähig. Aber es gelingt ihnen beiden nicht. Schimpfend, trompetend, wütend, mit den Ohren schlagend suchen sie das Weite.

In ihrem Ärger scheinen sie alle Elefanten dieses Gebiets gewarnt zu haben. Die Eingeborenen kommen am nächsten Morgen zurück, erschöpft, sehr müde und – ohne eine gute Nachricht. Die einzelnen Familien, die Pärchen sind geflüchtet und haben offenbar auch im Laufe der Nacht keinen Halt mehr gemacht, und dann ist es schwer, wandernden Elefanten im Dunkel der Steppe zu folgen. Nur die beiden Verliebten, die unter meinem Bett auftauchten, sind die einzigen gewesen, die es aushielten – bis wir mit dem Blitzlicht und der Kamera auf sie zielten.

Man soll nicht gegen das Schicksal Sturm laufen, wenn eine Pechsträhne in der Luft liegt. Das ist ein altes Gesetz, das alle Jäger kennen. Es hat nichts mit Aberglauben zu tun, sondern mit irgendwelchen merkwürdigen Vorgängen in der Natur, die wir vielleicht eines Tages ergründen werden.

Wir ziehen uns mit unserer kleinen Karawane zurück. Wir fangen ein paar andere Tiere, die zwar nicht auf unserem Programm stehen, mit deren Verkauf wir aber unsere Expedition finanzieren und bis zum nächsten Vorstoß beisammenhalten können.

Als ich die Photoplatte entwickle, sehe ich, daß mein Jagdhelfer gut geschossen hat: Im Körper des Weibchens sitzt groß und breit die helle Kunststoffrose, die wir ihm in den Rücken geschossen haben.

Andere Arbeit ruft uns bald hierhin, bald dorthin; aber immer wieder muß ich an die Nacht zurückdenken, als die beiden verliebten Elefanten unter dem Hochsitz auftauchten. Ich weiß, was inzwischen geschehen ist. Der verliebte Gemahl hat sich längst anderen Abenteuern zugewandt. Die werdende Mama ist deshalb aber keineswegs verlassen. Eine Elefantenherde hat sie aufgenommen, so wie es sich in einem gut organisierten Sozialbetrieb gehört.

Die Mama hat nach einer Freundin Ausschau gehalten, nach einer Gefährtin, die ihr zur Seite stehen soll, wenn es soweit ist, um dann vielleicht die Patin des kleinen Elefantenkindes zu werden. Es gehört eine lange Freundschaft dazu, denn eine Elefantenmutter muß zweiundzwanzig Monate warten, ehe das Baby kommt.

Die Mutter und die Freundin sind in dieser Zeit unzertrennlich geworden. Sie verstehen sich gut, und in der schweren Stunde ist die Freundin hilfreich dabei, dem Elefantenbaby mit seiner runzligen Stirn und dem lustigen Haarpelz an das Licht zu helfen. Ein Baby, das immerhin annähernd zwei Zentner wiegt!

Und nun wachen sie über das Kind. Sie wechseln sich ab. Das Kind darf nie allein bleiben. In Afrika und in Asien rechnet man damit, daß die Sterblichkeit der neugeborenen Elefanten etwa 25 Prozent beträgt – aber nur, weil Raubtiere sich an den jungen Elefanten vergreifen, trotz der aufmerksamen Wache, die die Mutter hält und in die sie sich mit ihrer Freundin teilt.

Es gibt merkwürdige Zufälle auf dieser Erde. Wir begegnen manchmal nach zwanzig Jahren einem Menschen wieder, der drei Straßen von uns entfernt wohnt, und vorher sahen wir ihn nie. Ich saß in der Loge eines Zirkus und erkannte plötzlich in der Manege in einem Gitterkäfig einen Tiger wieder, den ich für einen großen zoologischen Garten in San Franzisko fing und der mir meine rechte Schulter aufriß. Ich erkannte ihn wieder an einer Kleinigkeit, an einer Absonderlichkeit in seinem Fell, und er schaute zu mir hin – nach acht Jahren – und ließ dann den Blick nicht mehr von mir. Aber das seltsamste Wiedersehen, das ich in meiner Erinnerung verzeichnet habe, ist die zweite Begegnung mit jener Elefanten-Mama, als wir von neuem ausgezogen waren, um ein Nashorn zu fangen. Die Nashörner hatten sich vor einer infolge der Trockenheit heranrückenden riesigen Elefantenherde zurückgezogen.

Wir haben eine tiefe Grube ausgeworfen, eine Fanggrube, in die wir ursprünglich junge Nashörner hineintreiben wollten. Doch es kommt auf einmal ganz anders. Die Späher haben erkundet, daß bei der heranrückenden

Elefantenherde, die aus mehr als zweihundert Tieren besteht und in sechs große Gruppen zu zerfallen scheint, zahlreiche Jungtiere sind. Es sind auch ganz kleine Elefanten dabei. Nun weiß man, daß es nicht allzu schwer ist, einen indischen oder singhalesischen Elefanten zu fangen und zu zähmen. Er kann auch schon bei Jahren sein. Er fügt sich dann dem guten Zureden seiner schon zahmen Artgenossen. Afrikanische Elefanten zu zähmen – war bisher ein Unterfangen, das nur die Römer vor zweitausend Jahren gewagt und auch erfolgreich durchgeführt zu haben scheinen.

Immer wieder verlangen die zoologischen Gärten von uns, daß wir afrikanische Elefanten bringen sollen. Ein afrikanisches Elefantenbaby würde uns für die Mühe der letzten Tage und das Verlustgeschäft der verflossenen Monate entschädigen.

Baby ist zu schön!

Wenn solche Riesenherden auf der Suche nach Wasser auf dem Vormarsch sind, dann muß schon etwas Ungewöhnliches eintreten, um sie auseinanderzujagen; denn wenn sie zusammenhalten, dann ist es für uns alle lebensgefährlich, auch nur nach einem von diesen Elefantenbabys die Hand auszustrecken. Dann ist es eine eitle Hoffnung, damit zu rechnen, daß eines dieser Tiere in unsere Fallgrube hineingeht.

Wir haben für alle Fälle, vor allem auch um Nashörner abzuschrecken, wenn sie zum Angriff vorgehen, Feuerwerk bei uns, um Signale zu geben, wenn die Karawane auseinandergerissen sein sollte oder eine große Treibjagd geplant ist. Wir überlegen hin und her. Wenn wir die Hälfte unseres Vorrats an Feuerwerkskörpern opfern und den glühenden Regen hoch in den Himmel hineinjagen und dann niederfallen lassen, dann muß diese Riesen nach allen Erfahrungen zum mindesten für ein paar Stunden eine gewaltige Panik packen.

Das ist alles erprobt. Wir haben es dutzendfach erlebt.

Aber die Natur der Tiere ist immer unberechenbar. Wir entwerfen einen Kriegsplan. Wir kommen so an die Herde heran, daß sie von uns nicht nur keine Witterung bekommen, sondern daß die in Panik fliehende Herde in der Nähe unserer Fallgruben vorbeikommen muß.

Von den ausgewachsenen afrikanischen Elefanten weiß man, daß sie solche Fallgruben ahnen. Es ist schon ein Zufall, wenn man einen solchen Riesen in einer derartigen Grube fängt, wo er so lange tobt, bis er seine mächtigen Stoßzähne zerbrochen hat, sofern er nicht schon beim Sturz in die Grube sich das Kreuz oder ein Bein brach.

Wir müssen alles andere dem Zufall überlassen, der eines jeden Jägers bester Helfer ist.

Die Tiere scheinen zu äsen. Sie verhalten sich sehr ruhig. Sie rüsten wohl auf einen langen Marsch im Laufe der Nacht, um nicht nur neue Futterplätze zu finden, sondern diesmal auch Wasser.

Plötzlich – sobald es dunkel geworden ist – zucken die Feuerstrahlen hoch. Unsere Raketen fliegen. Die Feuerwerker in Italien haben ganze Arbeit geleistet. Ein Niagara an Licht geht zur Erde nieder. Es tritt das ein, was wir erwartet haben. Einen Augenblick sind die Riesen vor Schreck erstarrt, aber dann laufen sie – sie laufen, was die Beine nur herzugeben vermögen.

Wir warten, bis der Mond aufgegangen ist. Auf der Steppe vor uns ist es still. In der Ferne hören wir ein jammervolles Schreien. Es ist das Schreien eines Elefantenbabys. Wir brechen in dieser hellen Mondnacht auf und nähern uns der Fanggrube. Wir leuchten mit unseren Blendlaternen hinein und wagen unseren Augen nicht zu trauen. In der größten unserer Fanggruben sitzt ein winziges wunderschönes Elefantenbaby. Es jammert nach der Mama, es klagt den Himmel und sein Schicksal an.

Wir überlegen, wie wir ihm in seiner Not schon jetzt helfen können. Aber wir haben keine Zeit, unsere Gedanken bis zu Ende zu spinnen. Die Eingeborenen warnen uns. Sie schreien, daß ein Elefant unterwegs sei. Dieser Ruf pflanzt sich fort über die Steppe. Wir sehen ein mäch-

tiges Tier, das mit den Ohren schlägt, trompetet, den Rüssel gegen den Himmel reckt und sucht und sucht.
Und jetzt kommt es geradewegs auf uns zu. Wir dürfen nicht schießen. Man hat uns als Tierfänger zur Pflicht gemacht, nur in äußerster Lebensgefahr nach der Waffe zu greifen, wenn die eigene Flucht nicht ausreicht, unser Leben in Sicherheit zu bringen. Ich habe noch eine Rakete in der Tasche. Ich schieße sie ab. Das Tier stutzt einen Augenblick, aber es flieht nicht. Einer der Eingeborenen ruft mir etwas zu, was ich zunächst nicht verstehe. Er hat im Lichte der Rakete etwas Ungewöhnliches an dem Elefanten beobachtet: eine große Blume auf der seitlichen Haut. Mich durchzuckt eine Erinnerung – es ist die Fügung des Schicksals – und ich denke nach.
Jetzt weiß ich es: Fünfundzwanzig Monate sind vergangen seit jener Nacht, als ich im Urwald das Liebesgeflüster unter meinem Hochsitz belauschte. Und nun sehe ich die Elefanten-Mama wieder, und in der Grube sitzt ihr Junges. Es ist ein wunderschönes Elefantenbaby!

Aus der Grube geholt!

Die Elefanten-Mama hat längst ihr Junges in der Grube gewittert. Sie tobt, sie rast, sie umkreist die Grube, so daß wir uns zurückziehen müssen. Unseres Sieges sind wir gewiß. Morgen wird sie es aufgeben, und dann haben wir unsere Beute. Wir lassen daher zwei Eingeborene in der Nähe der Grube zurück. Sie kommen am anderen Morgen in unser Lager und geben uns einen merkwürdigen Bericht:
Die Elefanten-Mama habe sich noch eine Zeitlang in der Nähe der Grube aufgehalten und sei dann an die Arbeit gegangen. Sie habe alle Bäume, alle Sträucher in weitem Umkreis mit gewaltiger Kraft umgelegt, ausgerissen, an die Grube geschleppt und dort hineingestürzt. Am Ende habe sie die Grasnarbe aus dem Boden gerissen und ihnen diese nachgeworfen.
Wir alle bewunderten nach diesem Bericht den Instinkt,

den Fleiß und das Muttergefühl des Tieres. Es tut mir leid, weil es eine gute alte Bekannte ist, die ich damals in ihrem Schäferstündchen belauschte.
Noch liegt der Nebel über den Grenzgebieten zwischen Urwald und Steppe, ein schwerer, feuchter Nebel, der erst schwindet, als in späterer Tagesstunde plötzlich das Sonnenlicht durchbricht. Aber der Schein trügt. Wolken ziehen sich zusammen. Wir wissen, daß es seit Menschengedenken noch nie um diese Zeit in dieser Gegend geregnet hat. Aber der Himmel öffnet alle Schleusen. Es gießt, als seien Sturzbäche auf die Erde gestürzt worden.
Wir pirschen uns an die Fanggrube heran, obwohl wir die Elefantenmutter nicht sehen können. Doch wir müssen das Elefantenbaby bergen, bevor es in der Grube ertrinkt, in der sich gewiß schon das Wasser gesammelt hat. Als wir zur Grube kommen, ist diese leer. Der Regen hat die Ränder aufgeweicht. Das war das, was die Elefanten-Mama benötigte, um die Grube dort an der Seite einzutreten, wo die Bäume, das Geäst und die Grasnarbe am höchsten lagen. Wir wissen zwar nicht, wie sie es angestellt hat. Die Tatsache blieb bestehen, daß sie ihr Junges aus der Grube herausgeholt hat.
Wir verwünschen den Regen und beschimpfen unsere Saumseligkeit am Abend zuvor. Ja, wir fragen uns, ob es nicht doch ein Mittel gegeben hätte, um die Elefanten-Mama zu verscheuchen und ihr Baby einzuholen.
Es nützt nichts, den Verlust zu beklagen. Wir sehen, daß unsere besten Fährtensucher schon an der Arbeit sind, die Spuren aufzunehmen. Die Zeit drängt auch; denn es regnet noch immer in Strömen. Bald wird der Boden überall aufgeweicht sein; dann sind die Spuren verwischt.
Wir eilen unseren Leuten nach. Sie sind in ihrer Arbeit sicher. Sie zittern unter der Kälte des Regens und sind dennoch selbst vom Jagdfieber gepackt. Oder denken sie an die Belohnung, die wir ausgeschrieben haben? So laufen wir drei Stunden im Trab und kommen dabei durch Pfützen, in denen uns das Regenwasser schon bis an die Knöchel geht.

Aber wir wollen jetzt nicht mehr aufgeben. Die Elefantenmutter ist mit ihrem Baby von der großen Herde ihrer Artgenossen abgedrängt, sie hat den Anschluß verloren, sie kann die Verbindung auch jetzt im strömenden Regen nicht mehr aufnehmen; ihr Instinkt versagt.
Unser Blick wandert zum Himmel, an dem sich die Wolkendecke lichtet. Wenn wir Glück haben, bricht gleich das Sonnenlicht durch, welches die Steppe trocknet und uns die Verfolgung erleichtert.

Flucht in den Fluß

Sieben Stunden sind wir nun schon auf der Jagd. Es gibt eben kein Zurück mehr. Zwei unserer Leute haben wir zurückgeschickt, um das Nötigste nachzuholen für den Fall, daß wir in den nächsten vierundzwanzig Stunden nicht zum Lager zurückkehren können. Wir erinnern uns jetzt, daß wir vor sieben Tagen, als wir auf dem Marsch zu jenem Gebiet waren, wo wir Nashörner vermuteten, durch ein Flußbett kamen, das sich wie ein armseliges Rinnsal dahinzog.
Freudig überrascht stehen wir nun an diesem Fluß. Er ist aufgeschwollen. Die Entfernung von Ufer zu Ufer beträgt ungefähr vierzig Meter! Ungeheure Wolkenbrüche müssen drüben in den Bergen niedergegangen sein.
Gewaltige Wassermassen toben an uns vorüber, gelb gefärbt vom aufgewühlten Sand, Bäume und Sträucher sowie Tierleichen mit sich reißend.
Atemlos kommt einer der Späher zurück, und erregt verkündet er uns, daß er die Elefanten-Mama entdeckt habe. Zwei Kilometer flußaufwärts habe er sie aufgespürt. Sie liege erschöpft mit dem Jungen im Dickicht.
Wir stellen eine böse Spekulation an: Wenn wir nun zu dem Platz vorstoßen, an dem die Elefantenmutter lagert, und sie dort aufschrecken, einkreisen, dann muß sie ihr Heil in der Flucht durch den Fluß suchen. Elefanten sind nämlich großartige Schwimmer; sie werden es erst mit der Zeit, aber sie lernen es.

Dagegen sind kleine Elefanten wasserscheu. Sie müssen von ihren Müttern in das Wasser hineingestoßen, bestenfalls hineingetragen werden. Unsere Aufgabe ist es, die Elefanten-Mama von ihrem Baby zu trennen, und zwar in der Weise, daß wir die Mutter durch den Fluß jagen, wodurch sie sich an das andere Ufer zu retten vermag. Zurück bleibt dann das Baby, das natürlich uns gehört.
Es ist alles so klug ausgedacht, und wir sind stolz auf unseren Einfall. Inzwischen haben wir uns ganz nahe an die Elefanten-Mama herangepirscht und stellen fest, daß das Elefantenkind zwischen den Beinen unter der mächtigen Mutter steht, die nach allen Seiten nervös Witterung nimmt und erregt mit den Ohren fächelt.
Wir sind unserer Sache ganz sicher und beobachten, wie die Mama das sich sträubende Baby zum Flußufer treibt. Doch die Mutter drängt nach. Wir kommen näher, um die Mutter zu erschrecken, und schießen deshalb in die Luft.
Unverhofft packt die Elefantenmutter ihr Junges, wirft es in die gelbe Flut und stürzt sich selbst hinein. Unseren Augen bietet sich ein seltsames Schauspiel.
Das Baby kann nicht schwimmen. Die Mutter taucht. Sie holt das heftig schlagende Wesen aus der Tiefe empor und versucht, es auf dem Rücken zu balancieren. Das Baby gleitet immer wieder in das Wasser, in welchem es stets untergeht. Fünfmal holt die Elefantenmutter ihr Kind aus der Tiefe. Sie hat es fast einen Kilometer flußabwärts geschleust. Da liegt inmitten dieses reißenden Flusses ein Fels, der wie eine Insel aus dem tobenden Element hervorragt. Diesen Felsen steuert die Elefantenmutter an, und auf dieses Eiland stößt sie ihr Kind. Das Elefantenbaby versteht die Absicht der Mutter; es klettert und hält sich regungslos.
Die Elefanten-Mama ist von ihrer furchtbaren Anstrengung erschöpft. Eine neue Flutwelle, wohl einen halben Meter hoch, kommt den angeschwollenen Fluß herunter, packt das Elefanten-Weibchen und entführt es. Wir sehen in der Ferne im gelben Wasser mal den Rücken, mal den

Rüssel auftauchen. Für uns ist die Mutter verloren. Elefanten sind bei aller Zähigkeit empfindliche Tiere. Sie können vor Schreck einen Herzschlag bekommen und können auch wie der Mensch einer Kreislaufstörung erliegen, wenn man sie überanstrengt.
Wir lagern am Ufer, genau gegenüber dem Felsen, auf dem das Elefantenbaby steht. Zwar toben die Wasserfluten noch immer, aber wenn es nicht mehr regnet, dann muß bis zum nächsten Morgen sich das Wasser fast verlaufen haben. Die Eingeborenen beginnen, ein paar Bäume zu fällen, um ein Floß zu bauen. Sie beabsichtigen, sich von einer Landzunge fünfhundert Meter aufwärts mit diesem Floß treiben zu lassen und dann den Felsen anzusteuern. Das ist ihr Plan für den Fall, daß das Wasser sich nicht verlaufen sollte.
Drei Stunden sind vergangen, seit die Elefanten-Mama verschwand. Wir mustern unsere Beute auf dem dunklen Felsen. Das Elefantenkind hat sich niedergelegt; es schläft anscheinend.
Weitere drei Stunden später: Wir schrecken auf. Drüben am anderen Ufer trompetet ein Elefant. Die Elefanten-Mama ist wieder aufgetaucht. Sie muß sich irgendwo an das Ufer gerettet haben, und nun steht sie drüben, wagt sich jedoch nicht mehr ins Wasser hinein. Aber in ihrer Elefantensprache wird sie wohl ihrem Kind Trostworte zurufen und die Mahnung, auszuhalten und sich nicht zu rühren.
Die Eingeborenen werden unruhig; sie fürchten, daß uns die Beute entgehen könne. Sie erzählen Wunderdinge von der Klugheit des Elefanten. Ich habe allerdings erlebt, daß es unter ihnen – wie unter den Menschen – Kluge und Dumme gibt, Geschickte und Ungeschickte, Verschlagene und Tückische, Behäbige und Clowns!
Wir überlegen, ob es vielleicht besser sei, zwei Eingeborene hinüberschwimmen zu lassen, um drüben Fackeln aufzustecken. Aber die Flut ist zu reißend. Die Eingeborenen wagen sich nicht in das Wasser, sie sind von der gleichen Angst beseelt wie drüben die Elefanten-Mama.

Wir versuchen, Feuer anzuzünden, aber vom vorhergehenden Regen ist alles noch naß. So opfern wir unsere letzten Fackeln, in der Hoffnung, daß der Lichtschein die Elefanten-Mama abschreckt. Infolge der eingetretenen Nacht können wir sie auf der anderen Seite nicht mehr erspähen. Sie scheint sich zurückgezogen zu haben. Will sie warten wie wir? Hat sie die Hoffnung verloren, ihr Baby zurückholen zu können?

Der Wolkenschleier verzieht sich erst in den frühen Morgenstunden, das wissen wir. In dieser Nacht haben wir kein Auge zugetan. Gespannt horchen wir in die Nacht hinein, hören jedoch nur das grollende Rauschen und Gurgeln des Flusses. Gegen zwei Uhr nachts schreckt einer der Eingeborenen auf und sagt, er habe einen Elefantenschrei gehört, aber dann ist alles wieder still.

Inzwischen haben sie fünfhundert Meter flußaufwärts die ganze Nacht an dem Floß gearbeitet, um es beim Morgengrauen, sobald das Wasser sich beruhigt hat, in den Fluß zu stoßen.

Aber nicht allein sie warten auf das Morgengrauen, und wir sehen, ehe der Tag ganz erwacht ist, ein gespenstisches Geschehen. Auch den Eingeborenen, die das Floß bauten, entgeht es nicht. Eine Elefantenmutter hat die Gedanken der Schwarzen gewittert.

Sie weiß, daß sie vom Ufer aus das Eiland nicht anschwimmen kann, auf welchem ihr Junges sitzt und auf sie wartet.

Deshalb wirft sie sich fast sechshundert Meter oberhalb der Stelle, an der sie ihr Junges auf jenem Felsen in Sicherheit brachte, ins Wasser und läßt sich treiben.

Die Eingeborenen schreien einander die Nachricht zu. Wir sehen den grauen Rücken in der Flut, die unter dem dunklen Morgen gelblich-braun erscheint.

Sie schwimmt unvergleichlich gut, diese Elefanten-Dame, und kommt an ihr Ziel so nah heran, daß sie mit einem geschickten Schlag ihres Rüssels das Baby von dem Stein herunterholen kann, wissend nach den gestrigen Erfahrungen, daß sie ihr Kind in diesem gefährlichen Element nicht mehr allein lassen darf. Sie bringt es an das andere Ufer. Wir sehen auf der anderen Seite, während der Morgen anbricht, eine mächtige Mama und ein kleines Wesen, wie sie dem Urwald zutrollen.

Da geben wir's auf, denn es erscheint uns zwecklos, diesem Tier jetzt nachzusetzen. In der unwegsamen Masse der grünen lebenden Mauer dort drüben muß sich die Spur im Nu verlieren.

Die Eingeborenen meinen, daß es nicht mit rechten Dingen zugegangen wäre, ein böser Zauber läge über uns. Ich glaube nicht an den bösen Zauber und tröste mich mit den Worten: »Pech gehabt!«

Wie müssen uns wieder an anderen Tieren schadlos halten, denn sicherlich ist morgen das Jagdglück wieder auf unserer Seite. Soll ich gestehen, daß ich mir dieses Pech beinahe gewünscht habe? Ich hatte nämlich ein schlechtes Gewissen, als ich zwei verliebte Elefanten bei ihrem Liebesspiel störte; mein Gewissen schlug auch, als ich wußte, daß es jene Elefantenmutter aus der damaligen Liebesszene war, der ich das Kind nehmen wollte, als es in unserer Fanggrube saß.

Und ich atmete auf, als wir mit gutem Gewissen aufgeben mußten, weil es uns nicht gelungen war, die Klugheit einer Mutter zu überlisten, den Instinkt zu täuschen, den die Natur einem jeden Wesen mit auf den Weg gibt, wenn es um die Erhaltung der Art geht.

Das Märchen der Elefanten-Friedhöfe

Für mich, den alten Tierfänger, war es immer ein großes Erlebnis, Elefanten auf ihren Märschen zu beobachten, wenn sie mit einer durchschnittlichen Geschwindigkeit von zehn Kilometer in der Stunde an mir vorüberpirschten. Aber wenn ein Elefant sich verfolgt fühlt, dann kann er bis zu dreißig Kilometer in der Stunde gehen. Noch schneller geht es nicht, denn er vermag nicht im

Trott oder im Galopp zu laufen. Er ist der typische Schnellgeher.
Die Elefanten legen mitunter Entfernungen von Tausenden von Kilometern zurück. Warum sie wandern? Nur weil sie Nahrung suchen? Es müssen andere Gründe maßgebend sein, denn plötzlich brechen ganze Elefantenherden auf und verlassen eine Welt, in der reichlich Futter für alle war, um sich irgendwohin zurückzuziehen. Sind sie auf der Flucht vor einer imaginären Gefahr? Folgen sie einem geheimnisvollen uralten Wandertrieb, der auch zum Beispiel die Aale veranlaßt, die Ozeane anscheinend sinnlos auf riesigen Strecken zu durchqueren?
Der englische Zoologe J. Stockley, mit dem ich häufig über diese Probleme sprach, glaubte eine sehr einfache Erklärung dafür gefunden zu haben. Er meint, die Elefanten seien so raffinierte Feinschmecker, daß sie sich zu gewissen Jahreszeiten auf den Weg machten, um feinste Kräuter irgendwo in Afrika oder Indien zu suchen, die nur zu dieser Saison dort gedeihen.
Ich habe selbst an Elefanten in der Freiheit, in zoologischen Gärten und im Zirkus erlebt, daß sie tatsächlich Feinschmecker ersten Ranges sind. Sie schätzen über alles die weichen Sprossen von Pflanzen, die eben erst aus dem Boden sprießen. Aber sie verschmähen auch nicht das frische Grün der Bäume oder die zarte Rinde, die sie mit ihren Stoßzähnen von jungen Baumgewächsen schälen.
Wittert aber der Elefant einen Leckerbissen und ist dabei ein Baum zu hoch, dann zögert er nicht einen Augenblick, den Baum zu Fall zu bringen. Manchmal habe ich von meinem Hochsitz aus mit Spannung beobachtet, wie ein Elefant seinen Kopf, seinen mächtigen Schädel, der übrigens viele ausgedehnte Hohlräume enthält, als Rammbock benutzte und (ich sah es vor allem dann, wenn er noch einen guten Freund oder seine Gattin als Helfer zur Seite hatte) Bäume zu Fall brachte, die zehn Meter hoch waren und sechzig Zentimeter im Durchmesser aufwiesen.
Dabei ist der Elefant – verglichen mit anderen Tieren – noch ein sehr manierlicher Fresser. Wenn er irgendwo ein

großes Kräuter- oder Grasbüschel mit seinem Rüssel ausgerupft hat, dann hält er ihn vorsichtig und klopft damit erst gegen einen Baum oder gegen sein Knie, um die Erde sauber abzuschütteln, bevor er den Leckerbissen in sein Maul schiebt.
Wenn wir Elefanten sehen, die in einem Zirkus das »Kunststück« vollbringen, mit ihren mächtigen Säulenbeinen über ihren Dompteur, über ihren Mahut hinwegzuschreiten und vielleicht sogar die Sohle der Füße für ein paar Sekunden als ein gefährliches Spiel über dem Menschenkopf kreisen zu lassen, dann ist diese Meisterleistung des Elefanten im Grunde genommen nur eine Nachahmung dessen, was ich hundertfach im Urwald beobachtete.
Gelüstet es einen Elefanten, eine Kokosnuß zu verzehren oder deren gleich ein Dutzend, dann »knackt« er die Kokosnuß, indem er ganz vorsichtig und behutsam den Fuß daraufstellt und dann nur so viel Druck anwendet, daß die Schale zwar springt, die Frucht jedoch nicht beschädigt wird.
Ich habe immer die Ansicht vertreten, daß der Elefant sich früher einmal ganz anders ernährt haben muß. Denn es ist nicht möglich, daß die Natur einen so gewaltigen Koloß mit so viel Fehlern und mit einer so außerordentlich schlechten Auswertung der Nahrung aufbaut. Wenn ein Elefant bis zu sechs Zentner Nahrung am Tag zu sich nehmen kann und es in der Freiheit auch manchmal tut, dann verwertet er davon nicht einmal die Hälfte. Offenbar reicht der Magensaft nicht dazu aus, die riesige Menge Grünzeug zu verarbeiten. Der Elefant hat dauernd mit Eingeweidebeschwerden zu tun; er plagt sich mit Magenverstimmungen und Blähungen herum, von denen jeder Elefantenfänger und Elefantenjäger ein seltsames Lied zu singen weiß.
Sollte man nicht glauben, daß ein solcher Koloß geradezu unsterblich ist? Man hat mancherlei Märchen erzählt über den Elefanten und sein hohes Alter, das er erreiche und das weit über hundert Jahre hinausgehe. Ich habe mit

meinen singhalesischen Freunden auf Ceylon, mit den besten Mahuts von Indien und mit den Elefantenspezialisten in Afrika gesprochen: Alle schließen sich meiner Ansicht an, daß der Elefant normalerweise nicht älter wird als ein Mensch. Er erreicht also ein Alter zwischen vierzig und achtzig Jahren. Natürlich gibt es unter den Elefanten – wie unter den Menschen – Ausnahmen, die die Grenze der hundert Jahre überschreiten. Aber ich weiß von meinen Beobachtungen auf Ceylon, in Indien, Burma, Thailand und Afrika, daß das Leben eines so alten Elefanten dann nicht mehr für ihn die reine Freude sein muß.

Und was wird aus einem Elefanten, der nicht mehr die Kraft hat, den andern zu folgen, wenn sie im Gewaltmarsch durch den Dschungel oder über die Savanne ziehen? Jahrzehnte hindurch antwortete man, wenn diese Frage gestellt wurde: »Dann begibt er sich eben auf den Elefanten-Friedhof und wartet dort sein Ende ab!«

Das erzählte man sich schon, als ich noch ein Kind war. Diese Legenden beflügelten meine Phantasie, und ich setzte mir in den Kopf, daß ich eines Tages als Forscher ausziehen würde, um einen solchen Friedhof der Elefanten zu entdecken. Durch das Elfenbein der Stoßzähne wollte ich dann reich werden und noch größere Expeditionen organisieren. Wie ich, so haben wohl manche geträumt. Viele setzten diese Träume fort bis in ihr hohes Alter. Ich bin der Sache in Afrika nachgegangen und habe die Legenden, die auch in Indien und auf Ceylon umgehen, untersucht; ich habe ganze Wochen damit verbracht, einsame Schluchten zu durchstöbern, in welchen nach den Aussagen von Eingeborenen Skelette von Elefanten gesichtet worden seien. Nach und nach klärte sich das Bild, und heute glaube ich das Märchen von Elefanten-Friedhöfen wissenschaftlich so klären zu können:

Ich sagte schon, daß der Elefant ein Gesellschaftstier ist, der unter vielen Freunden sich wohl fühlt, der Spaß zu machen versteht, der seine Reisegefährten neckt und mit den weiblichen Elefanten vorzüglich zu flirten versteht.

Natürlich gibt es unter den Elefanten wie unter den Menschen Einzelgänger, die aus einer Enttäuschung und aus gekränktem Stolz heraus die Welt und die Gesellschaft der anderen fliehen.
Werden die Elefanten älter, dann schließen sie sich meist in Gruppen von drei bis vier bejahrten Tieren zusammen, die gewissermaßen eine »Alt-Herren-Liga« bilden. Sie suchen keinen Herdenanschluß mehr, sie interessieren sich nicht mehr für junge Elefantendamen. Sie leben in einem gemütlichen ruhigen Trott und verbringen ihre Tage, bis erst dieser und dann der andere ausfällt oder ihre Charaktere gehässig und verbittert werden.
Jedenfalls habe ich nie gehört oder bestätigt gefunden, daß ein Elefant merkt, wenn es mit ihm zu Ende geht, und daß er dann einem untrüglichen Instinkt folgend eine Einsamkeit aufsucht, wo er sich zum Sterben neben seinen Ahnen niederlegt.
Wenn aber im Laufe der verflossenen zwei Jahrhunderte in Afrika und in Indien häufig große Ansammlungen von Elefantengebein und auch von Stoßzähnen an bestimmten Stellen gefunden wurden, dann gibt es auch dafür eine einfache Erklärung, die aber nichts mit den sogenannten Elefanten-Friedhöfen zu tun hat. Wenn es einem Elefanten nicht mehr allzugut geht, wenn er müde und matt geworden ist, dann hält er sich selbstverständlich in Gegenden auf, wo es ihm nicht allzu schwer fällt, mit seinem schadhaft gewordenen Gebiß und seinem müden Rüssel noch die notwendige Nahrung zu finden. Häufig hält er sich in der Nähe von Wasserquellen auf, weil er – von Altersfieber geplagt – unter furchtbarem Durst leidet oder seinen Hunger, den er nicht mehr durch reiche Nahrungsaufnahme stillen kann, zu befriedigen sucht, indem er noch mehr trinkt als sonst.
Er kann nicht damit rechnen, daß seine Artgenossen ihm helfen. Meist hat er sich durch seinen schlechten Charakter, durch seine Launen, seine Angriffslust so unbeliebt gemacht, daß man nach Elefantenart aufatmet, als er eines Tages zurückblieb.

Verschlechtert sich sein Befinden weiter, dann sucht er mitunter seinem Instinkt folgend im kühlen Wasser Erleichterung, für das Feuer, das in seinem Inneren brennt, ein Feuer, das ihn quält, weil es meist der Ausdruck ist für böse Krankheiten, die von Gallensteinen über Darmkrebs bis zu einer gefährlichen Leberzirrhose führen können, wenn Alterserscheinungen sich bei ihm eingestellt haben.
Und dann erfüllt sich sein Schicksal eines Tages. Noch einmal will er trinken, noch einmal will er seinen Durst löschen. Der Rüssel, mit dem er sonst das Wasser ansaugt, um es in sein Maul zu spritzen, tut seinen Dienst nicht mehr. Er geht so tief in das Wasser hinein, daß der letzte kühlende Trunk ihm in den Schlund rinnt und er daran erstickt und ertrinkt.
Und wenn es dann in fünf oder zehn oder fünfzehn Fällen die gleichen Wasserstellen waren, wo Elefanten in ihrer letzten Altersnot Labung suchten und den Tod fanden, dann ist es nicht allzu schwer, das Märchen von einem Elefanten-Friedhof zu erzählen. Der Fluß braucht nur auszutrocknen. Ein riesiger Waldbrand braucht nur die Bäume ringsum zu verzehren, so daß die Sonne den Urwaldtümpel austrocknet: Dann liegen sie auf dem Grund, als hätten sie sich dorthin gebettet, die sterbenden Elefanten.
Aber so oft ich diese Geschichte auch erzählt und diese Erläuterung gegeben habe, man hat sie mir selten geglaubt. Der Mensch hängt an den Märchen, die er einmal so wunderschön fand, und wenn man ihm eines Tages erzählt, daß dieses Märchen gar nicht wahr sein kann, dann mag er es nicht glauben.
Mir sind immer wieder Abenteurer begegnet, die in Afrika und Indien unterwegs waren – mit Landkarten in der Hand, mit Plänen bewehrt, mit zuverlässigen »Tips«. Sie zogen aus, um Elefanten-Friedhöfe und damit Reichtum zu finden. Vielleicht fanden sie irgendwo eine Schädelstätte der letzten Riesen dieser Erde, der seltsamsten und klügsten unter den Dickhäutern – der Elefanten.

Wir, die Massai, ringen mit dem Löwen Brust an Brust

Für einen alten Großwildjäger ist es immer ein Ereignis, wenn man ihm den Auftrag gibt, ein Dutzend Löwen frisch aus Afrika einzubringen, gesunde junge Tiere, die zur Blutauffrischung in den zoologischen Gärten Amerikas oder Europas Verwendung finden sollen. Löwen zu fangen, gehörte mit zu meinen ersten Aufgaben, als ich als Großwild-Jäger auszog, als Tierfänger, dem man ans Herz legte, bei keiner der großen Bestien, die er einbringe, auch nur die Schwanzspitze zu knicken oder einen Fuß zum Lahmen zu bringen.
Das ist leicht gesagt. Man gibt diese Weisungen vom grünen Tisch aus. Aber wer einmal in Zentralafrika auf Löwenfang war, der verwünscht die Neunmalklugen, die nie dabei gewesen sind, wenn ein Löwe in ein Fangeisen ging, wenn er aus einer Fanggrube geborgen werden sollte, wenn er in einem Käfig, in den man ihn mit Mühe und Not hineingebracht hatte, in plötzlicher Erkenntnis des Verlustes der Freiheit zu toben begann.
Eine meiner ersten Erfahrungen war, daß Löwen wie auch die meisten anderen Katzenarten, ihre Läufe kaum beschädigen, wenn sie in Fangeisen hineingeraten, solange man sie nicht ängstigt oder in Panikstimmung versetzt. Füchse, Schakale, Hyänen und viele andere Tiere dagegen toben und beißen sich unter Umständen die Läufe ab.
Mir ist es einmal gelungen, bei einer einzigen Löwen-Fangexpedition nicht weniger als sieben Stück einzubringen. Es handelte sich um drei ausgewachsene Löwen, eine Löwin, während die übrigen Tiere höchstens zwei oder drei Jahre zählten.

Die ausgewachsenen Männchen und das Weibchen ließen wir wieder frei, denn die alten erfahrenen Tiertransporteure erklärten mir, daß es seit der Zeit der Römer nicht mehr gelungen sei, alte wild eingefangene Löwen lebend nach Europa zu bringen. Unsere Arbeit beschränkte sich deshalb auch immer darauf, ganz junge Tiere zu fangen, über die schlimmsten Wochen in der Umstellung der Ernährung hinwegzubringen und dann weiterzutransportieren, damit sie in der Gefangenschaft groß würden und die Freiheit vergäßen, die wir ihnen raubten.
Ich habe in den Bibliotheken von Rom in alten römischen Schriften mit Fachgelehrten gesucht, um Andeutungen darüber zu finden, wie die Römer vor zweitausend Jahren es anstellten, Löwen zu Hunderten nach Rom zu schaffen und in den Arenen auftreten zu lassen. Ich hatte gelesen, daß bei den Schaukämpfen, die die Kaiser ihren Völkern boten, bis zu 250 Löwen in einer einzigen gewaltigen Tragikomödie der Auseinandersetzung zwischen Mensch und Tier auftraten. Menschen, nur mit einem Kurzschwert bewaffnet – mußten gegen sie antreten. Aber das Schicksal dieser Löwen war immer, eines Tages im Sand einer Arena zu verbluten.
Die Römer müssen einen Kunstgriff gekannt haben. Vielleicht wandten sie ein Lockmittel an, ein Lockfutter, das mit irgendeinem Schlafmittel gesättigt wurde. Sie hätten dann ihre Löwenherden quer durch Afrika bis an die Nordküste mit riesigen Karawanen und von dort aus zur römischen Halbinsel hinüberschaffen müssen.
Ich mußte mich damit begnügen, nach den alten bewährten Methoden vorzugehen oder mich in jüngster Zeit der Betäubungspatronen zu bedienen, die einen vorübergehenden Lähmungszustand bei einem Tier hervorrufen und es gestatten, selbst ältere Tiere lebend einzubringen. Aber nach einigen bitteren Erfahrungen, bei denen ich stolze mächtige Löwen mit gewaltigen Mähnen jämmerlich am Heimweh nach der Freiheit eingehen sah, gab ich es auf, gegen die alte Lehre Sturm zu laufen, daß es sinnlos sei, alte Löwen nach Europa zu bringen.

Wir sollten sechzehn Löwen einbringen. Die Direktoren der zoologischen Gärten hatten zwölf Weibchen und vier Männchen bestellt. Wie wir diese Aufgabe lösen sollten – das blieb uns überlassen. Darum hatte man sich nie gekümmert, wie wir mit den interessantesten und edelsten aller afrikanischen Lebewesen fertig werden konnten.
Man hatte mir in Tanganjika einen Fingerzeig gegeben. Man erzählte mir von einer Löwengruppe von siebenundzwanzig Tieren oder drei Familien, die man beobachtet habe. Ich hatte mich an jene Gegend herangearbeitet. Wir hatten auf der Karte einen Weg erkundet – etwa fünfunddreißig Kilometer –, den wir am nächsten Tag zurücklegen wollten, um dann endgültig, wenn das Glück uns hold war, die Plätze zu ermitteln, an denen wir unsere Fallen aufstellen und unsere Gruben auswerfen wollten.
Die Eingeborenen hatten dafür gesorgt, daß Esel und Rinder in ausreichendem Maße als Locktiere zur Verfügung standen. Ich hatte Weisung gegeben, daß man nach Möglichkeit solche Tiere aussuchen sollte, die von der Tsetsefliege gestochen waren und an Erstickungszuständen litten oder die sonstwie erkrankt waren, so daß für sie eigentlich der Biß eines Löwen in ihr Genick nichts anders bedeutete als einen schnellen Tod an Stelle eines elenden, jammervollen langsamen Sterbens.
Die Fallen hatten wir – Stück für Stück achtzig Pfund schwer – vorläufig im Lager zurückgelassen. Ich hatte dafür gestimmt, daß wir Gruben mit Netzen auswerfen sollten. Es war uns nicht gelungen, jene modernen Gitterkäfige zu beschaffen und in das Landesinnere zu bringen, von denen die Theoretiker behaupteten, daß mit ihnen der Fang eines Löwen eine ganz und gar ungefährliche Sache sei.
Dieser Ausflug über fünfunddreißig Kilometer, der am späten Abend beendet sein sollte, wurde zu einem gefährlichen Erlebnis für mich, zu einem meiner tollsten Abenteuer – hart am Tode vorbei.

Der Tag fing seltsam an. Ich war mit zwei Eingeborenen aufgebrochen. Wir hatten kaum fünf Kilometer zurückgelegt, als schwarze Häuptlinge uns etliche Leute aus drei Krals entgegenschickten.
»Wir haben gehört, daß große Jäger unterwegs sind, wir wissen uns vor dem alten Teufel nicht mehr zu retten, hilf uns, töte ihn, die Götter werden es dir lohnen!«
Es gibt unter den Löwen, die sich von ihren Familien, ihren Gruppen trennen, alternde Sonderlinge, die eines Tages beginnen, Amok zu laufen, die nur noch allein sein wollen und sinnlos alles Wild niederschlagen, das ihnen in den Weg gerät.
Ich wollte lebende Löwen einbringen und nicht einen alten Rowdy abschießen. Aber ich überlegte einen Augenblick, ob es nicht zweckmäßig sei, den Eingeborenen zu helfen, mir dafür aber ihre Unterstützung bei der Jagd auf andere Löwen auszubedingen.
Ich fragte die Sendboten der Häuptlinge aus. Was sie erzählten, war nicht gerade ermutigend:
»In ihm muß einer der bösen Nachtgeister wohnen. Er schlägt Ziegen und Rinder und – Menschen nieder. Wir haben ihm viele Fallen gestellt, tiefe Gruben ausgeworfen, in die er gehen sollte. Aber der Waldgeist, der Nachtgeist, der in ihm hockt, scheint ihn zu warnen. Er ist zu klug.«
Damit kam ich nicht weiter. Es konnte geschehen, daß dieser alte Raufbold jene anderen Löwengruppen zersprengte und in blinder Eifersucht, weil jemand in sein Jagdgebiet eingedrungen war, verscheuchte.
Ich beschloß, den Jagdweg, diesen Kundschaftergang, so zurückzulegen, wie ich es mir an Hand der Karte vorgenommen hatte. Aber ich versprach den Männern im schwarzen Kral meine Hilfe für den Fall, daß ich dem alten besessenen Teufel begegnen sollte.
Was dann geschah, bleibt mir bis heute ein Rätsel. Wir hatten kaum einen Kilometer zurückgelegt, da trat sich einer meiner Begleiter einen Dorn in den Fuß, und zwar derart, daß dieser wieder oben herauskam. Brüllend hinkte der Mann von dannen. In der Nähe lag eine Neger-

siedlung. Ich versprach, ihn dort am späten Abend abzuholen.
Mein zweiter Begleiter war durch die Erzählung von dem gefährlichen alten Löwen, der hier in der Gegend umgehe, so nervös geworden, daß er mit dem Gewehr, das er für mich tragen mußte, ununterbrochen herumspielte, und zwar so lange, bis plötzlich ein Schuß losging. Ich hörte ihn heulen, da er sich die Spitze des rechten Ringfingers abgeschossen hatte. Auch er ließ mich im Stich und lief in die gleiche Richtung, in die mein erster Begleiter gegangen war, davon, wohl um sich dort lieber von einem afrikanischen Medizinmann betreuen zu lassen als durch mich mit Hilfe meiner Taschenapotheke.
Waren die beiden Eingeborenen durch die Erzählungen der Neger, die zu uns gestoßen waren, so nervös geworden, daß jede Vorsicht, jeder Instinkt sie verließ? Oder brachten sie sich diese Verletzungen planmäßig bei, um in meinen Augen nicht als Feiglinge dazustehen, auf der anderen Seite aber die Berechtigung zu haben, mit einem »Heimatschuß« in das nächste Dorf zurückzukehren? Wären sie davongelaufen, hätte ich ihnen ihren Lohn nicht zu zahlen brauchen. Bei einem Jagdunfall war ich verpflichtet, sie sogar zu bezahlen, bis die entstandenen Schäden behoben waren.
Ich war mir darüber klar, daß es ein Leichtsinn sei, dennoch machte ich mich allein auf den Weg. Allen, den Eingeborenen im Lager, dem Mann mit dem Dorn im Fuß und dem mit der abgeschossenen Fingerspitze, wollte ich zeigen, daß ein weißer Mann in Afrika nicht verloren ist, wenn er allein auf Kundschaftergang aufbricht.
Natürlich war ich verärgert, als ich mein Schießeisen über meine zum Glück breiten Schultern warf und allein weiterpirschte. Ich wußte, daß ich vorläufig einem Negerpfad folgen konnte, der wohl im Laufe von Jahrhunderten oder Jahrtausenden ausgetreten war. Ich dachte an die Geschichte, die um einen solchen Negerpfad vielleicht geschrieben werden könnte.
Auf diesen Wegen wurden in einsamen Dörfern junge,

schöne, schwarze Mädchen und Knaben geraubt und den Sklavenkarawanen zugeführt, die durch die nordafrikanischen und zentralafrikanischen Wüsten zum Roten Meer hinüberzogen. Man sagt, sie seien auch heute noch unterwegs, diese Sklaventransporte. Aber man befördert die Sklaven heute auf Lastwagen, um dieses kostbare Gut so schonend wie möglich zu behandeln und dann an den Gestaden des Roten Meeres nach Arabien hinüberzuschaffen.

Als Kriegszüge in Zentralafrika noch an der Tagesordnung waren, bewegten sich auf diesen Negerpfaden ganze afrikanische Armeen in phantastischem Kampfschmuck. Ich kam nicht dazu, meine Phantasie weiterspielen zu lassen und die Geschichte dieses Weges rückwärts aufzurollen, auf dem ich vorwärtsschritt.

Ich wollte mich beeilen und, wenn die Sonne am höchsten stand, drüben die Waldungen erreicht haben, um in ihrem Schutz meinen Marsch fortzusetzen. Mir waren drei Negersiedlungen bekannt, die ich berühren konnte. Vielleicht wußte man dort Näheres über die Löwen, denen ich nachspürte.

Mein Planen, mein Denken wurde plötzlich unterbrochen durch ein verdächtiges Schnauben. Ich schaute nach rechts, ich schaute nach links. Das Unterholz war hier schon so dicht, daß es mir jede Sicht nahm. Ich roch irgendwo drüben hinter dem undurchdringlichen Dornendickicht im Gebüsch die Überreste eines Tieres, eines Kadavers, der schon stark in Zersetzung übergegangen sein mußte. Aber die Geier wagten sich nicht an dieses Aas heran. Sie saßen hoch auf den Bäumen und schimpften und krächzten und kreischten.

Das Schnauben, das ich eben gehört hatte, war von einem Löwen. Daran konnte kein Zweifel bestehen. Ich hatte von meinen Eingeborenen gelernt, Löwen zu riechen, und das gelang mir hier – auch durch den seltsamen Duft des im Dickicht versteckten Kadavers hindurch. Sollte ich schon auf der Spur meiner Löwenherde sein? Ich wollte vorsichtig zu Werke gehen und hielt nach einem Baum

Ausschau, um von diesem aus in das Dickicht Einblick zu haben.
Aber während ich nach oben schaute und den besten Baum aussuchte – da vernahm ich das Grollen eines mächtigen Löwen in meiner unmittelbaren Nähe. Es war wie ein dumpfes Röcheln, das plötzlich anschwoll.
Und dann schaute ich – in das Antlitz des ältesten und herrlichsten männlichen Löwen, den ich je in meinem Leben sah.
Wir starrten einander an. Ich verhielt mich ganz ruhig. Ich wußte, daß mich dieser Koloß nur als lebendes Wesen wahrnehmen konnte, wenn ich mich bewegte. Das hoffte ich jedenfalls; so hatte man es mir immer gesagt.
Es gibt Augenblicke im Leben, wo die Sekunden zu Stunden werden. Man glaubt dann, eine ganze Ewigkeit gehe an uns vorüber; und doch sind es nur ein paar Atemzüge, die wir in diesen Momenten tun.
Ich überlegte, während ich stocksteif dastand. Ich merkte, daß er schnaubend und merkwürdig röchelnd zum Sprung ansetzte. Er knurrte und blies die Luft durch die weitgeöffnete Nase und hauchte mir seinen Atem entgegen, der, wie der Geruch der meisten Raubtiere, nach Tod und Aas duftete.
Meine Nerven hielten diese Belastung nicht mehr aus. Wenn er eben gesehen hatte, daß ich mich bewegte, wenn er meine Umrisse schon ins Auge gefaßt hatte, dann würde er mich gleich anspringen. Hinter mir stand ein Baum so dick wie vier Männer. Diesen Baum wollte ich vorhin erklettern. Von diesem Baum aus wollte ich Einsicht nehmen in das Dickicht dort drüben, hinter welchem ich das Aas wußte und den Löwen vermutete. Jetzt kam es darauf an, den Löwen zu täuschen. Ich machte einen blitzschnellen Satz nach rückwärts, duckte mich, sprang hinter den Baum und nahm sofort die Büchse in Anschlag. Das war zweifellos eine jener Situationen der Notwehr, in denen selbst ein Tierfänger zur Waffe greifen darf. Ich wußte, daß nun ein gefährliches Katz-und-Maus-Spiel begann. Ich hatte meine Waffe schon entsichert. Er war

wirklich auf die Stelle gesprungen, auf der ich eben stand, und tobte in ohnmächtiger Wut, weil ich nicht mehr da war. Ich versuchte zu schießen und traf ihn in den Rücken. Das Tier drehte sich dreimal um sich selbst und versuchte, sich in den Rücken zu beißen, als könne es auf diese Weise den unbekannten Feind zwischen seinen mächtigen Kiefern zermalmen.

Der Löwe vergaß nach wenigen Minuten den Schmerz. Er mußte wieder Witterung von mir bekommen haben, denn er hielt nach mir Ausschau. Ich schoß noch zweimal. Ich glaube, ich habe in meinem ganzen Leben noch nie so schlecht geschossen wie an diesem Tag. Ich sprang um den Baum mit der Geschwindigkeit eines Wiesels, das seinem Jäger entkommen will, dabei hatte ich eine neue Kugel in den Lauf geschoben. Der nächste Schuß mußte sitzen. Ich drückte ab. Der Schuß wäre gut gewesen, aber das Gewehr versagte; ich hatte eine Ladehemmung.

Meine Mutter hatte mich als Kind gelehrt, im Augenblick höchster Gefahr ganz ruhig zu bleiben. Ich wußte, daß das Raubtier gleich vor mir stehen würde, und kam deshalb zu keiner innerlichen Beruhigung, denn ich hatte es sehr eilig, auf den Baum zu klettern, um den ich bisher immer herumgesprungen war.

Ich erreichte einen tiefhängenden Ast mit einem Arm, riß mich hoch und kam dabei mit meinem linken Bein um einen zweiten Ast. Aber jetzt war der Löwe da. Schon war er am Baum hochgesprungen und hatte sich im Geäst verbissen. Splitternd zermalmte sein furchtbares Gebiß einen armdicken Ast.

Wieder hielt er nach mir Ausschau.

Das erzählt sich alles so leicht; aber es geschah in Sekundenschnelle. Wenn dieser Löwe, mit dem ich hier zu tun hatte, der alte Raufbold war, um dessentwillen die Häuptlinge des Krals zu mir geschickt hatten, dann konnte ich ihnen bestätigen, daß er von einer überlegenen Klugheit war. Er musterte den Baum, sprang zum zweitenmal den Baum an und zerschlug mit einem furchtbaren Prankenhieb den Ast, um den ich mein Bein geschlungen hatte.

Aber das war nur der Anfang, der Löwe sprang erneut, dann zielte er und erwischte mein rechtes Bein oberhalb des Knies. Drei Sekunden lang schwebten wir beide an meinen Armen hängend in der Luft.
So stark waren meine Hände nicht, diese doppelte Last zu halten, und ich ließ los. Wir purzelten kopfüber gemeinsam auf den modrigen Boden.
Und dann? Ich weiß, daß der Löwe mich dann noch zweimal gebissen hat, aber immer so, daß er mich einen Augenblick später wieder losließ. Zwar fühlte ich keinen Schmerz, doch wußte ich, daß ich um mein Leben kämpfte und handelte dementsprechend. Um es ehrlich zu sagen: Ich kämpfte nur nach meinem Instinkt. Denken, überlegen, die beste Taktik erwägen – das gab es alles nicht.
Inzwischen hatte ich mich frei gemacht und lag nun halb aufgerichtet. Vor mir öffnete sich ein gewaltiger Löwenschlund. Was sollte ich tun? Als Kind hatte ich einmal gesehen, wie mein Bruder von einem riesengroßen Fleischerhund angefallen wurde. Mein Bruder wehrte sich, indem er diesem Riesen seine Faust in den Rachen stieß. Mein Hirn mußte wohl eine ähnliche Reaktion auf Grund des damals aufgenommenen Bildes auslösen. Ich stieß dem Löwen meinen linken Arm mit aller Wucht so tief in den Schlund, wie es nur ging.
Der Löwe versuchte zuzubeißen, doch es gelang ihm nicht. Jetzt erst merkte ich mit einemmal, wie die Wunden an meinem Körper brannten, die er mir geschlagen und gebissen hatte.
Zwar wußte ich nicht, wie es weitergehen sollte, doch das Ende kam ganz von selbst. Dieser »alte Knabe« schien sich wohl ein wenig übernommen zu haben, als er sich auf den Kampf mit mir einließ. Gewiß erstaunte ihn mein starker Widerstand, da er solchen ja sonst gar nicht gewohnt war.
Mit einem Ruck machte er sich von mir los, schlich zwei Meter abseits, wo er sich niederlegte und zu mir herüberschielte. Nun begann er, seine Wunden zu lecken. Dann erhob er sich, wir beobachteten einander, bis er sich selt-

sam schwankend in das Dickicht zurückzog und sich im dichteren Busch verkroch. Meine Schüsse begannen offenbar jetzt ihre Wirkung zu tun.
Mir selbst war in jenen Minuten nicht mehr danach zumute, ihm nachzusetzen oder gar seinem Weg zu folgen. Deshalb wartete ich, bis ich nichts mehr hörte und sah, und schleppte mich dann fort. Ich versorgte meine Wunden, so gut ich konnte, und gab mir eine Tetanusspritze und eine Injektion gegen Blutvergiftung. Sieben Bißstellen, darunter eine sehr stark blutende Wunde am Oberschenkel, drei Prankenhiebe und viele kleine Kratzer waren das Resultat dieses Erlebnisses.
Dann schleppte ich mich bis zur nächsten Negersiedlung. Von hier aus trugen sie mich, als der nächste Tag graute, in drei Tagesmärschen bis zu einer Polizeistation. Dorthin holte man dann einen Arzt; dieser brachte Blutplasma mit, wodurch ich gerettet wurde.
Als ich ihnen meine Geschichte erzählte, schüttelten die Männer auf der Polizeistation die Köpfe und meinten, ich spräche wohl im Fieber. Sie konnten und wollten es nicht glauben, daß ich mit einem ausgewachsenen Löwen, dem Riesen, dem alten Teufel, der die Krals in weitem Umkreis beunruhigte, einen Ringkampf ausgefochten hatte und überlebte. Und auch meine Faust im Löwenrachen glaubte man mir nicht. Dabei schwöre ich bei allem, was mir auf dieser Erde liebt ist, daß es wirklich so war. Erst später erfuhr ich, daß es in Afrika einen ganzen Stamm von Männern gibt, die mit Löwen ringen, die Brust an Brust mit Löwen kämpfen, um ihre Kraft und ihre Männlichkeit zu beweisen.

Meine Freundin Queen

Wenn ich sagte, daß man junge Löwen fängt, um sie dann hinter Gittern oder doch jedenfalls unter menschlicher Betreuung aufzuziehen und zu humanisieren, dann ist es wirklich nicht zuviel gesagt. Wir hatten in Mombasa, an der ostafrikanischen Küste, seinerzeit eine Transportstation eingerichtet, um von dort aus die in Afrika gefangenen Tiere zu verschiffen. Ich weilte damals fast zwei Jahre an der Küste des gewaltigen Indischen Ozeans und war viel auf der Strecke nach Nairobi unterwegs. Meine Aufträge ließen mich sogar bis hinauf nach Tanganjika vorstoßen.

Eines Morgens, als wir mit einem Lastwagen unterwegs waren und eigentlich nur eine Wasserstelle suchten, fanden wir in der Nähe eines Tümpels – ein winziges kleines Löwenbaby, ein Löwenmädchen, das höchstens vier oder sechs Tage alt war. Die Eingeborenen, die mich begleiteten, standen ebenso wie ich vor einem Rätsel, unter welchen Umständen das kleine Wesen wohl von seiner Mutter verlassen worden war. Denn eine Löwin läßt sich sonst eher töten, als daß sie ihr Junges verläßt. Ich überlegte einige Sekunden und fand heraus, daß wir bei einem früheren Transport für einen Arzt in Nairobi medizinische Instrumente befördert hatten. Ein Teil der Verpackung lag noch in einem Kasten: ein großer Karton mit Watte. Darein bettete ich das Löwenbaby und nahm es mit nach Hause. Ich hatte damals eine indische Haushälterin mit ihrem sechsjährigen Töchterchen. Ihr Mann war bei mir als Chauffeur beschäftigt. Ich wies das Mädchen an, das Löwenbaby genau nach meinen Ratschlägen großzuziehen. Als das Mädchen mich dann fragte, wie dieses Baby denn heißen sollte, nannte ich den Namen, der mir gerade in den Sinn kam: Queen. Auf diesen Namen kam ich deshalb, weil ich zufällig im Radio hörte, daß die Queen in Ostafrika, in Nairobi, zu einem Besuch eintreffen werde. Und so bekam unser Löwenbaby, unser Löwenmädchen, den Namen Queen.

Das kleine indische Mädchen zog das Löwenkind mit der Flasche groß und ging später zu Haferbrei, zu Hirse über. Wenn die Nächte kalt wurden, zog es ihm ein Mäntelchen an. Die beiden schliefen immer zusammen und wurden somit gemeinsam groß. Aber junge Löwen wachsen schneller als Menschenkinder. So kam es, daß eines Tages das kleine indische Mädchen immer noch schmächtig und

zart und die Queen schon groß und stark geworden war, ein erwachsenes und starkes Geschöpf mit einem majestätischen Auftreten, mit einem wunderschönen Kopf und strahlenden großen Augen.
Aber – die Löwendame Queen hatte zwar an Körperkräften gewonnen, doch sie blieb freundlich und liebenswürdig, zärtlich und fröhlich, wie sie es in ihren jüngsten Lebenstagen gewesen war, als sie mit dem kleinen indischen Mädchen spielte, sich mit ihm im Grase wälzte und einer den anderen hart angriff. Aber niemals kamen die furchtbaren Krallen zum Schlagen. So zart ging Queen mit dem Mädchen um, daß nicht einmal die Haut geritzt wurde.
Offenbar betrachtete Queen das kleine indische Mädchen als ihre Schwester. Aber mich – liebte Queen. Ihre ganze Zuneigung, ihre ganze Verehrung – alles brachte sie mir entgegen. Sie lief mir nach, wenn sie mich erblickte. Sie folgte mir wie ein großer Hund. Ich nahm Queen oft mit über Land. Aber wenn ich nach Nairobi mußte oder tiefer nach Tanganjika hinein, dann mußte Queen zu Hause bleiben. Doch das indische Mädchen erzählte mir, daß Queen mich schon in einer Entfernung von sieben bis acht Kilometer witterte und dann nicht mehr zu halten sei, über die Zäune sprang und mir entgegenkam.
Queen war ein wundervolles Geschöpf. Aber ich wußte, daß eine Löwendame nicht immer unter Menschen bleiben kann. Ich wollte ihr den Weg freigeben – zurück in ihre wilde Welt. Deshalb nahm ich sie im Lastwagen mit bis in den Busch hinein und brachte sie an eine Stelle, wo man in den letzten Tagen Löwen gesehen hatte. Dort setzte ich sie aus. Sie blieb einige Wochen fort und kam dann wieder zu mir zurück.
Manchmal schien es mir, als ob sie sich bös gerauft hätte. Queen war unvergleichlich.
Und was aus Queen wurde? Das ist eine traurige Geschichte, die ich mir eigentlich immer zum Vorwurf machte. Aber ich hatte es ja gut gemeint:
Ob in Afrika oder Indien oder Ceylon, Südamerika oder

Australien – immer fanden sich Filmgesellschaften bei mir ein, die mich um meine Mitarbeit ersuchten.
Und nun kamen sie eines Tages und wollten Aufnahmen mit einer Löwin im Urwald machen. Ich rief Queen und versuchte, Queen klarzumachen, was die Menschen von mir und von ihr wollten. Denn ich mußte in zwei Tagen mit einem Schiff in einem dringenden Auftrag nach den Seychellen.
Ich gab den Männern Weisung, Queen sehr vorsichtig, sehr freundlich und genauso zu behandeln wie einen gutmütigen Hund, dann könne gar nichts passieren.
Und nachts – so riet ich ihnen – sollte man Queen vielleicht in eine Scheune oder in einen großen Stall einsperren. Das kleine indische Mädchen war leider nicht mehr da. Es war zu einer Tante nach Nairobi geschickt worden, um dort eine gute Schule zu besuchen. Wenn Daja dabeigewesen wäre, dann hätte nie etwas Schlimmes geschehen können.
Sie drehten ihren Filmstreifen zu Ende. Ich hab' mir diesen Film nie angesehen. Er wäre mir zu stark ans Herz gegangen. Als ich von den Seychellen zurückkam und nach Queen fragte, da schaute meine alte indische Köchin zur Seite und weinte. Da wußte ich, daß etwas Furchtbares geschehen sein mußte. Sie erzählte mir später die Geschichte: Weil Queen so brav und so harmlos war, hatte man sie nicht einmal in eine Scheune gesperrt oder in einen Stall, sondern in ein niedriges Gehege. Und da hatte Queen sich gelangweilt. Sie hatte mit leichtem Sprung die Hürden genommen und war ein wenig spazierengegangen – in dunkler Nacht in ein nahes Dorf, zu Menschen, zu jenen Wesen, mit denen sich Queen so gut verstand, mit denen sie befreundet war.
Und irgendein Afrikaner, der hinter seinem Schrank ein Gewehr stehen hatte und der einen Löwen draußen im Mondlicht sah, nahm seine Waffe, schoß und – traf Queen tödlich. Er war stolz auf seine Heldentat. Er konnte freilich nicht wissen, wie sehr Queen die Menschen, die kleine Daja und mich – geliebt hatte.

König der Tiere – am Herzschlag verendet!

Man will es uns alten Tierfängern auch heute noch in Europa und in Amerika nicht glauben, daß es nahezu unmöglich ist, alte wild gefangene Löwen heil und gesund nach Europa oder in die Vereinigten Staaten zu schaffen. Deshalb kamen immer wieder Aufträge an mich: »Wir brauchen dringend drei ältere ausgewachsene Löwen. Junge Tiere interessieren nicht!«

Gegen mein besseres Wissen mußte ich einige Male an Tierexpeditionen teilnehmen, als im Auftrag zoologischer Gärten versucht wurde, alte Exemplare des Königs der Tiere zu fangen. Wir hatten zu diesem Zweck große eiserne Käfige an der Küste herstellen lassen. Einige dieser Gefängnisse wurden aus Europa angeliefert. Obwohl die Käfige für den Transport auseinandergenommen werden konnten, benötigten wir auf schwierigen Strecken, und wenn uns keine Jeeps oder Lastautos mehr zur Verfügung standen, zwölf bis vierzehn Träger für einen einzigen Käfig.

Aber es kam für uns nicht nur darauf an, die Tiere in diesen Käfigen zu transportieren; wir mußten sie erst einmal haben. Sie in den Käfigen zu fangen – erwies sich, wie die Praxis lehrte, als eine schier unlösbare Aufgabe, selbst wenn wir noch so klug zu Werke gingen und noch so raffiniert die Gitter zu tarnen versuchten.

Wir hatten die großen Fallen, die Tellereisen, die wir benutzten, um größeres Raubgetier in unsere Gewalt zu bringen. Wir hatten beobachtet, daß Löwen, wenn sie einmal in die Falle gegangen waren, sich nicht allzu schwer verletzten. Das war also ein Weg, eine Möglichkeit.

Wir legten mehrere Dutzend Fallen aus. Als uns in zwei Fallen große Tiere gegangen waren, ergab sich für uns die zweite sehr kritische Notwendigkeit, die Löwen niederzudrücken und zu fesseln und dann in die Käfige zu bringen oder an einen Platz, wo wir die Käfige aufgestellt hatten und wo bessere Transportmöglichkeiten gegeben waren als – im Busch.

Wir drückten die Tiere mit langen Stangen nieder. Wir mußten zu diesem Zweck Bäume umschlagen, die mindestens so dick waren wie mein Arm. Denn – unter dem gewaltigen Gebiß eines Löwen wurde jedes andere Holz im Nu zermalmt.
Wir erlebten, daß Löwen, die wir mit Bäumen niedergedrückt und mit Stricken gebunden hatten, sich plötzlich zu drehen und zu winden begannen, bis sie die Stricke zwischen ihren Zähnen hatten. Dicke Seile, stark wie Schiffstaue, wurden in raschem hastigen Kauen von den Zähnen wie mit Scheren zerschnitten.
Mit Mühe gelang es uns, die Tiere so zu knebeln, daß sie transportiert werden konnten. Die Eingeborenen übernahmen aber den Transport nur unter Zusicherung einer hohen Belohnung, weil sie Angst hatten, daß der Geist des Löwen sich ihr Bild einpräge und eines Tages zurückkehre, um sich an ihnen zu rächen.
Ich mußte aber die gleiche bittere Erfahrung machen, die auch der große Tierjäger C. G. Schillings in seinen Aufzeichnungen zu Papier brachte, als er von einem Löwenfang schrieb, bei welchem ältere Tiere eingebracht werden sollten, die zwar den Fang und den Transport, nicht aber den Entzug der Freiheit überstanden.
Wir waren mit unserem schönsten Löwen in unserem Lager angelangt. Die Eingeborenen kamen uns entgegen und bewunderten uns wie die größten Helden, die sie je zu Gesicht bekamen. Kaum hatten wir den Löwen auf den Boden gelegt, da hob er noch einmal den Kopf, streckte sich und war tot.
Keine Verletzung war sichtbar. Wir obduzierten das Tier mit aller Sorgfalt. Es lag auch kein innerer Schaden vor. Die einzige Erklärung, die uns blieb: Er war an einem Herzschlag zugrunde gegangen.
Meine Eingeborenen hatten es eilig, den Löwen zu zerlegen, solange das Fleisch noch warm war. Viele Stämme in Afrika ziehen das Fleisch des Löwen jedem anderen Fleisch vor. Sie behaupten, daß das Fleisch der Löwen stark und mutig mache. Eine ganze Nacht hindurch koch-

ten sie das Fleisch dieses verendeten Löwen ab. Es bewahrheitete sich, was die Eingeborenen mir erzählten, daß nämlich das Fleisch eine ungewöhnlich große Menge Fett enthielt.

Auf den weiteren Wanderungen, auf der Jagd nach anderen Löwen führten die mich begleitenden Afrikaner dieses ausgelassene Fett des Löwen mit. Sie sahen in diesem Fett nicht nur einen Genuß von höchstem Wohlgeschmack, sondern blieben darüber hinaus fest davon überzeugt, daß nun auf Erden niemand mehr stärker sein könnte als sie selbst.

In späteren Jahren ging ich vorsichtiger zu Werke, wenn uns die Aufgabe zufiel, große lebende Raubkatzen einzubringen. Wir kennen heute Narkose-Patronen. Schon damals hätte es genügt, jenem Löwen eine Morphium-Injektion zu geben, um ihn erst einmal über die schlimmsten Stunden des Verlustes der Freiheit hinwegzubringen.

»Ich bin ein Massai und küsse den Löwen!«

Heute sagt man, daß Europäer und Amerikaner nur noch auf die Löwenjagd gehen, wenn sie an Komplexen leiden und ihren Mut, ihr Erfolgsstreben wenigstens auf diese Weise vor aller Welt darlegen möchten. Es ist und bleibt ein gefährliches Unterfangen, sich einem Löwen zu stellen, wenn man in jene vier Quadratkilometer eindringt, die er als Wohnraum für sich beansprucht. Jedes Tier hat seine Wohnwelt. Der Brüllaffe in Panama braucht neun Quadratkilometer, der Elefant in Afrika acht und der auf Ceylon sechs Quadratkilometer. Sogar die Vögel verlangen ihr eigenes Revier. Ein Falke wird sich bestenfalls mit einem Gebiet von rund drei Quadratkilometern begnügen. Ich hielt es für ein Märchen, als man mir in Kenia erzählte, daß es einen Negerstamm gebe, die Massai, deren junge Leute zu einer gewissen Jahreszeit in die Jagdreviere der Löwen eindringen, um sich den Löwen im Kampf zu stellen – sich mit ihnen Brust an Brust zu messen. Ich hatte zwar den Spruch gehört: »Ich bin ein Massai – ich küsse den Löwen!« Aber ich hatte diesen Satz für ein eitles Gerede gehalten, für Prahlsucht junger Neger, die manchmal, wenn sie sich bei ihren Schönen interessant machen wollen, mehr behaupten, als sie nachher zu halten vermögen.

Aber dann hatte ich Gelegenheit, mit den Massai in Berührung zu kommen, und der Zufall wollte es, daß ich in eine Massai-Ortschaft kam, als dort die jungen Krieger auszogen, um den Kampf mit den Löwen aufzunehmen, so wie es die uralte Sitte vorschreibt.

Offiziell gibt es zwar keine Massai-Krieger mehr, die mit einem kleinen Schild und mit einem Messer bewaffnet zum Ringkampf mit dem Löwen aufbrechen. Die Jagdhüter, die heute darauf achten, daß nur Männer mit einem Jagdschein, der nur für einen hohen Preis zu haben ist, Löwen jagen und töten, hatten den Massai zu verstehen gegeben, daß man sie mit schweren Strafen belegen werde, wenn man sie dabei erwische, wenn sie ...

Aber der Busch ist groß und dunkel, und die Steppe ist weit. Jedem Jagdhüter kann man einen Eingeborenen als Diener, als Begleiter mit auf den Weg geben, der rechtzeitig warnt, wenn der Jagdhüter kommt.

Und so ist es auch heute noch wie vor Jahrhunderten: Die Massai müssen ihre Männlichkeit beweisen, indem sie mit einem Löwen ringen. Gleichzeitig stellen sie damit ihre Heiratsfähigkeit unter Beweis und haben die Wahl unter den schönsten Mädchen des Stammes. Denn es spricht sich herum, wie ein Massai-Krieger mit einem Löwen gerungen hat.

Ich bin einer der wenigen Weißen, die Gelegenheit hatten, einen solchen Kampf von Massai-Kriegern mit Löwen zu sehen. Es war ein unheimliches, erregendes Erlebnis, das ich oftmals in dunklen Gewitternächten plötzlich wieder vor mir sehe, als riefe das Grollen des Donners in meinem Hirn die Erinnerung wach an diese Begegnung von Mensch und Tier, von Mensch und Löwe.

Dann denke ich oftmals an den ungerechten Kampf, den wir, die technisch überlegenen Menschen, dem gewaltigen

Raubtier, dem Löwen in der afrikanischen Steppe, zumuten. Wir haben keinen Grund zu triumphieren, zu jubilieren, wenn wir mit fern wirkenden Waffen einem Riesen, einem König aus der Tierwelt entgegentreten.
Deshalb hat mir jedesmal das Herz geblutet, wenn ich sah, wenn Jäger auszogen, entsprechend dem Vertrag, den sie mit einer Reisegesellschaft abgeschlossen hatten, Löwen abzuschießen, weil es auf dem Programm stand.
Damals in jener Nacht, als ich den Kampf eines Massai-Kriegers mit einem Löwen sah, tobte über uns ein Gewitter. Es war ein doppelter Kampf wild entfesselter Elemente von unsagbarer Großartigkeit.
Man hatte mir einen Fingerzeig gegeben. Ich wußte ungefähr die Gegend, wo sie drei Löwen zusammengetrieben hatten, die sie mit Feuerbränden in einem großen Dreieck immer wieder auf eine Lichtung scheuchten. Und dorthin zogen stumm, in einer merkwürdigen Bemalung, die jungen Massai-Krieger. Die Jahrhunderte, die Jahrtausende versanken in jenem Augenblick. So waren Massai schon vor drei- und fünfhundert Jahren über diesen Waldweg gezogen. Ich war abseits vom Waldpfad geblieben.
Die Moranes, wie man die jungen Massai-Krieger nennt, waren ganz nackt. Sie hatten nur ihren kleinen Schild, der kaum so breit ist wie der Unterarm, und ihr Messer. Dieser Schild war aus Kuhleder straff gezogen und gehärtet, aber doch nicht stark genug, um dem Schlag einer Löwenpranke zu widerstehen.
Sie waren ganz nah an die Lichtung herangekommen. Einer von ihnen hatte den ersten Löwen gesehen. Er gab ein Zeichen. Und auf einmal hörte ich im Busch einen merkwürdigen Schrei, einen Kriegsschrei, der mir buchstäblich das Blut in den Adern erstarren ließ. Das war der Kampfruf der Massai-Krieger an die Löwen.
Einer von ihnen nahm den Kampfruf an. Die beiden anderen, wohl die jüngeren, zogen sich ängstlich zurück. Der ganze Kreis der Männer, die Kette, die sich auf einmal zu einer breiten Phalanx auseinandergezogen hatte, rückte langsam auf die Lichtung vor. Und sie schrien

noch einmal, und wieder lief es mir eiskalt über den Rücken. Das war ein ritueller Schrei, ein mystischer Ruf, das war Erregung, Magie und Ekstase.

Der Löwe stand in der Mitte der Lichtung und musterte einen nach dem anderen. Seine Augen gingen ruhelos hin und her. Er fühlte, daß der Kreis sich um ihn schloß. Der Instinkt sagte ihm, daß er an einer Stelle ausbrechen, durchbrechen müsse.

Er griff einen an – den vierten Mann von rechts. Warum ihn? Das weiß der Himmel nur allein. Er sprang, der vierte Mann stürzte. Wie auf Kommando zogen sich die anderen Männer zurück. Mit aalglatter Gewandtheit war der Gestürzte Sekunden später wieder auf den Beinen.

Damit hatte der Löwe nicht gerechnet. Er war verwirrt, weil er auf einmal nicht mehr die vielen Gegner sah, sondern merkte, daß ihn der eine Gegner, den er ansprang, entkommen sein mußte.

Und ich sah, wie der Massai-Mann, der durch den Schlag des Löwen gegen den Schild zu Boden geschleudert war, nunmehr mit einem gewaltigen Satz dem Löwen auf den Rücken sprang. Er ritt den Löwen. Er versuchte, ihn mit seinen stahlharten Schenkeln zu halten, zu bändigen, so wie man ein Pferd meistern kann. Mit seinen Händen hatte er sich in der Mähne verkrallt. In der rechten Hand hielt er gleichzeitig das Messer.

Ich beobachtete und überlegte, was nun kommen könnte. Ich erwartete, daß der Löwe sich auf den Rücken werfen würde. Ich fragte mich, was ich in dieser Situation tun würde. Die Hände loslassen, nach dem Hals greifen, den muskulösen Hals eines Löwen zusammendrücken und ihn würgen?

Ich hatte Löwen auf der freien Wildbahn gesehen, wie sie ihre Beute zerrissen. Das taten sie, indem sie mit ihrem mächtigen Kopf und ihren starken Nackenmuskeln den Kadaver, in den sie sich verbissen hatten, buchstäblich zerbrachen.

Ich dachte in diesem Augenblick an einen Stierkampf in einer spanischen Arena. Die Toreros kennen einen ganz

bestimmten Punkt im Genick des Stiers, durch den sie hindurchstechen müssen, um den Stier tödlich zu verletzen, so daß er innerlich verblutet und zusammenbricht und so stirbt, wie es ihm eine grausame Volkssitte gebietet.
Wer hatte mir gesagt, daß der Massai-Krieger den Löwen töten müsse? Ich kenne die Angst der Eingeborenen vor dem Geist der Raubtiere. Sie glauben fest daran, daß jedes Tier einen Geist hat, der nicht sterben kann, der in der Steppe und im Busch umgeht, der jeden Augenblick irgendwo hinter einem Stein lauern kann, um denjenigen, der ihn einst tötete oder verletzte, als er noch lebte, anzufallen und sich an ihm zu rächen.
Der Löwe war verdutzt. Er wußte nicht, wo er seinen Gegner suchen sollte. Er war in dieser Situation noch nicht gewesen und kannte daher nicht die Abwehr, und seine Ahnen hatten es ihn nicht gelehrt, was ein Löwe zu tun hat, wenn ein Mensch ihn reitet.
Die anderen Männer, die sich an den Rand der Lichtung zurückgezogen hatten und hinter den Büschen hockten, brüllten und schrien um die Wette. So wollten sie den Löwen nervös machen, zur Weißglut reizen, ihn bewegen, nun irgend etwas zu unternehmen, um diesen Kampf zu Ende zu bringen.
Ich erlebte etwas Unwahrscheinliches. Der Löwe duckte sich und sprang mit einem gewaltigen Satz einen nahen Baum an. Es war der höchste Sprung, den ich je bei einem Löwen sah und mit einem Menschen auf dem Rücken.
Aber hatte der Instinkt dem Löwen nicht das Richtige eingegeben, was für ihn in diesem Moment zu tun blieb? Mit allem, nur damit hatte der Massai nicht gerechnet. Er stieß einen Schrei aus und stürzte nach rückwärts in das Unterholz, während der Löwe sich für eine Sekunde im Baum festkrallte, als suche er dort oben einen Halt, den er unterhalb der Baumgabel niemals finden konnte.
Er stürzte wie eine Bleikugel nach unten und landete zwei Meter von dem Massai entfernt auf dem Boden. Der Löwe war schnell und lief in einem furchtbaren Sturm auf ihn zu und riß ihm mit einem Prankenschlag den Rücken auf.

Damit war dieser Massai aus dem Kampf ausgeschieden; er hatte furchtbare Verletzungen: vier tiefe Krallen, die sich von oben nach unten über den Rücken zogen und die Muskeln freilegten. Aber die anderen kümmerten sich nicht um den Verletzten. Ich hörte keine Klage aus seinem Mund, kein Jammern, kein Stöhnen, keinen Wehlaut.
Sie hatten den Löwen wieder eingekreist. Er griff den nächsten an. Das Spiel begann von neuem – aber immer gefährlicher; denn Mensch und Tier wurden immer gereizter. Ich glaubte, Blut zu riechen. Die schwüle Hitze lag schwer über der Lichtung. Die mächtigen schwarzen Gestalten waren in Schweiß gebadet. Ihre Haut glänzte. War es die Hitze? War es die Erregung? Sie tobten und brüllten immer mehr, und jeder wollte von dem Löwen angenommen sein.
Ich hörte plötzlich einen Jubelruf. Ich fragte den Begleiter an meiner Seite, was dieser Schrei, der dann von vielen aufgenommen wurde, zu bedeuten habe. Das war die Antwort: »Die Massai haben den neuen König der Löwenkämpfer gefunden: Einem von ihnen ist es gelungen, den Löwen zu küssen. Er hat mit seinem Mund das Maul des Löwen berührt. Nun muß der Löwe sterben!«
Ich kümmerte mich um den Verletzten. Im Gras suchten wir breite Wegerichblätter, die wir auf die Wunden legten, weil eine alte Negererfahrung lehrt, daß auf diese Weise jede Blutung am schnellsten gestillt wird.
Diesmal kamen die Massai nicht zu ihrem Ziel; keinem gelang es, den Löwen zu töten. Oder war es eine Verabredung unter allen, sich diesen Helden zu erhalten, um mit seiner Hilfe, durch ihn den Schönen des Krals zu beweisen, wie stark jeder von ihnen sei? Wir hörten plötzlich hinter uns, wie offenbar die beiden Löwen, die vorher entwichen waren, den anderen lockten und riefen. Die Massai lauschten. Der Löwe horchte. Noch einmal brüllte er wütend und wild auf.
Und dann – überlistete er die Massai, die Männer, die ihn in die Enge getrieben hatten. Obwohl eine schwere Stunde harten Kampfes hinter ihm lag, schienen seine Kraft-

und Energiereserven buchstäblich unerschöpflich. Er sprang auf einmal wie ein Fuchs hin und her, der seine Verfolger abschütteln will. Zwei Massai riß er zu Boden, indem er ihnen die Unterschenkel vom Boden wegschlug. Sie schlugen mit den kurzen Messern nach ihm.
Ich freute mich, als ich ihr Wutgeschrei hörte, als ich sah, wie der schöne stolze König der Steppe sich plötzlich nach rechts in die Büsche schlug und nicht mehr gesehen wurde.
Es war spät am Nachmittag. Im Busch wird es früh dunkel. Sie wagten nicht mehr, die Verfolgung des Königs der Steppe aufzunehmen. Sie betrachteten ihre Wunden, sie waren stolz auf die Verletzungen, die der Löwe ihnen geschlagen hatte.
Drei von ihnen mußten nach Hause getragen werden – so stark war ihr Blutverlust, so tief saßen die Wunden, die der König der Tiere ihnen schlug, als er sich seiner Haut wehrte.
Ich wußte, daß auch er manche Schramme abbekommen hatte bei diesem Kampf mit den Massai, den einzigen Menschen, die ausziehen, um sich – Mann gegen Tier – mit dem Löwen in einem gefährlichen Wettstreit zu messen.
Ich stellte mir vor, daß die beiden anderen Löwen, die auf der Lichtung entkommen waren, nun vielleicht dabei waren, seine Wunden zu lecken – in das Unterholz hineinlauschend, den Feind fürchtend, diesen seltsamen Gegner auf zwei Beinen, das einzige Wesen, das der Löwe ernsthaft fürchten muß.

»Ich sah einen Löwen lachen!«

Als ich hier zuerst von Löwen berichtete, da erzählte ich eine schlichte Geschichte einer Löwin mit Namen Queen, die von Menschen erzogen worden war und sich an die Menschen gewöhnt hatte und tragisch durch den Menschen zugrunde ging. Ich will meine Begegnungen mit Löwen damit abschließen, daß ich eine andere interessante und fesselnde Erinnerung in mir wachrufe – mein Erlebnis mit jenem Löwen namens Jack, den mir einer meiner Freunde vorstellte. Es war der Löwe, der lachen konnte, der Löwe, der unter Menschen groß geworden war und dann doch wild wurde und wieder heranwuchs zum Giganten, zum König der Tiere, so wie das Erbe seiner Väter es in seinem Blut bestimmte.

Einen Jagdwärter in Nord-Rhodesien hatte ich zu meinem Vertrauten gemacht und ihm eine hohe Prämie versprochen, wenn er mir besonders schöne zuchtgeeignete Tiere meldete und diese so in die Netze brächte, daß ihnen dabei kein Leid geschähe.

Als ich von ihm nach zwei Jahren eine eilige Nachricht bekam, ich möchte doch mit meinen Helfern und den Netzen kommen, da lernte ich Jack kennen. Jack war der schönste männliche Löwe, den ich je im Leben sah: gewaltig, groß, stark, etwa viereinhalb Jahre alt und im – wie man auch bei Löwen sagen kann – besten Mannesalter.

»Ich habe Jack als winziges Baby aus einem Tümpel gerettet. Die Mutter mußte das Kleine wohl auf der Flucht zurückgelassen oder aus dem Maul verloren haben. Und nun wurde dieser Riese daraus!«

Der Jagdhüter zeigte mir seinen Freund von einem gut getarnten Hochsitz aus. Jack war mit zwei sehr eleganten jungen Löwendamen unterwegs und offenbar bemüht, irgendwo für seine Gefährtinnen Beute aufzuspüren.

»Vor zwei Jahren war er nicht einmal imstande, ein Schaf zu erlegen. Er war bei uns groß geworden. Wir hatten ihn mit Reisbrei und mit Hirse gefüttert. Ich wußte, daß ich ihn auf die Dauer nicht behalten konnte. Wir hatten uns bemüht, ihn auf Rohkost, das heißt auf die Wildnis, vorzubereiten. Wir warfen ihm Zebras vor, die wir abschlachteten, Antilopen, die meine Jäger lange Zeit für ihn erlegten.

Aber wir mußten ihn vier Tage hungern lassen, ehe er sich die Mühe machte, ungeschickt und umständlich eines dieser Tiere zu zerreißen.

Endlich war es soweit. Wir hatten den Instinkt in ihm

wieder geweckt. Kleine Löwen lernen am lebenden Objekt, wie man einen Büffel, wie man eine Gazelle schlägt. Ihm mußten der Instinkt helfen und die Vernunft, die er im Umgang mit den Menschen angenommen hatte.

Und dann luden wir ihn auf einen Lastwagen und fuhren ihn fünfzehn Meilen in den Busch hinein. Wir ließen Jack aus dem Wagen springen und fuhren so schnell wir konnten davon. Vier Meilen davon entfernt schlugen wir unser Zelt auf, um dort zu übernachten. Am nächsten Morgen stand Jack vor unserem Zelt und schimpfte mit uns, weil wir ihn verlassen hatten.

Noch einmal versuchten wir es mit dem gleichen Trick. Aber dann rasteten wir nicht mehr, sondern fuhren über zehn Meilen weit, ehe wir haltmachten in der Hoffnung, daß sich in den Flüssen, die wir durchquerten, unsere Spur verloren habe.

Wir machten uns manchmal Gedanken, wie es Jack wohl in der Wildnis ergangen sein mochte. Er fehlte uns oft. Wir nahmen uns vor, nie mehr einen kleinen Löwen großzuziehen, weil man nachher sein ganzes Herz an ein solches Riesentier hängt und doch weiß, daß man es auf die Dauer nicht behalten kann, weil irgendwo und irgendwann Instinkte durchbrechen können, die sich dann vielleicht unheilvoll auswirken.

Zwei Jahre gingen ins Land. Dann waren wir zu einer Jagdexpedition aufgebrochen, die uns in eine Gegend führte, die vierzig Meilen nördlich des Gebiets lag, in welchem wir damals Jack aussetzten.

Eingeborene hatten uns gemeldet, daß Löwen in der Nähe seien. Wir hatten eine ganze Jagdgesellschaft bei uns und richteten unser Lager am Rande einer Lichtung inmitten eines Nadelwaldes her. Beim Morgengrauen hörte ich das wilde Raunzen und Brüllen von Löwen, die ganz in der Nähe sein mußten.

Ich war in Sorge um meine Jäger, die man mir anvertraut hatte, und nahm deshalb nur einen meiner Eingeborenen mit. Ich brauchte nicht lange zu suchen. Wir standen am Ufer eines kleinen Flusses plötzlich einem riesigen

männlichen Löwen gegenüber – mit drei Weibchen, die sich mit neun Jungen ein wenig im Hintergrund hielten. Er brüllte noch einmal so laut er konnte, wohl um uns zu erschrecken und gleichzeitig seine Gattinnen anzuweisen, mit den Kleinen das Weite zu suchen.
Und dann sah ich, wie der Löwe auf einmal in riesigen Sätzen auf uns zukam. Der Eingeborene reichte mir den Karabiner. Aber ich legte den Karabiner erst gar nicht an. Ich sah, wie der mächtige Löwe plötzlich halt machte, sich hinsetzte und im wahren Sinne des Wortes lachte und lachte!
Haben Sie schon einmal einen Pudel lachen sehen? Er entblößt seine Zähne und bewegt den Kopf hin und her, als möchte er kichern und in ein jubilierendes Lachen ausbrechen.
Genauso war es mit Jack. Er kam auf mich zu, legte sich auf den Boden und lachte. Er setzte sich. Er umkreiste mich. Er rollte sich buchstäblich zu meinen Füßen und leckte meine Stiefel, er leckte meine Hände. Er hätte mich wohl am liebsten umarmt.
Das war mein Wiedersehen mit Jack. Aber dann – hörten wir auf einmal das mahnende Raunzen und Jammern der Löwinnen im Busch. Zweimal knurrte Jack, und dann auf einmal schien er ein schlechtes Gewissen zu haben, genau wie ein Mann, der die mahnende Stimme seiner Frau hört und Angst hat vor ihrem Gezeter.
Er schaute mich noch einmal traurig an, als wollte er sich entschuldigen, und folgte dem Ruf seiner schönen Gattinnen und dem kläglichen Geschrei der Kleinen, deren Vater er war.
Und das ist Jack – dort drüben! Man hatte mir gemeldet, daß er wieder in der Nähe sei. Ich weiß, daß er ein großer Don Juan ist, daß er sich nicht an die Einehe oder die Doppelehe hält, die sonst unter braven und normalen Löwen üblich ist.
Wo er ist, da sind viele junge Löwen in der Nähe, seine Sprößlinge, junge Löwendamen, die er mit seiner ganzen Pracht und Kraft anlockt.«

»lachender« Löwe

Dieser Jagdhüter in Nord-Rhodesien hatte mir nicht zuviel versprochen. Es war eigentlich ein sehr einfaches Geschäft.
Er lockte seinen Jack, sprach mit ihm, plauderte mit ihm eine Stunde lang, während seine Löwendamen, ohne ihn unsicher geworden, nicht wußten, was sie tun sollten, und in die Netze liefen, die wir für sie ausgelegt hatten.
Wenn mancher auf dieser Erde im Dressurkäfig, in einem Zirkus, auf der freien Wildbahn schlechte Erfahrungen mit Löwen gemacht haben sollte, mir will ein Spruch nicht aus dem Sinn, den jener Jagdhüter mir mit auf den Weg gab, als wir mit unserer Beute von dannen zogen:
»Ich weiß, daß bei Ihnen die Tiere in guten Händen sind. Manchmal bin ich der Meinung, daß Menschen und Löwen dazu geschaffen sind, einander zu lieben!«

Wir suchen den heiligen Gorilla

Man hatte uns von Léopoldville aus ein Telegramm durch den ganzen Kongo nachgeschickt. Die letzten vierhundert Kilometer trug ein Buschläufer es unter einem Stein auf seinen Kopf. Wo hätte er die Depesche für uns sonst an seinem nackten Körper verbergen sollen?
Die dumpfen rollenden Trommelzeichen hatten uns längst verraten, daß er unterwegs zu uns sei. Aber es war niemand da, der den Text des Telegramms hätte lesen können, um ihn in die Trommelsprache zu übersetzen.
Diese Trommelzeichen hatten wir eines Morgens, bevor die Dämmerung anbrach, gehört. Einer unserer Träger horchte auf und lauschte in die Finsternis hinaus.
»Es kommt jemand zu uns, der eine wichtige Nachricht für die weißen Männer hat. Wir sollen warten.«
Und als er kam, war die Nachricht, die er uns übermittelte, kaum erfreulich, eher beunruhigend. Wir waren ausgezogen, um Schimpansen zu suchen, zu fangen, einige seltene Vogelarten einzubringen. Und nun kabelte man uns aus Chikago:
»Wir bieten zwanzigtausend Dollar für einen hellen Gorilla!«
Wir hatten wie alle alten Afrika-Reisenden und Tierfänger von dem hellen Gorilla gehört. Er geisterte seit Jahrhunderten durch die Erzählungen in den Urwäldern Afrikas. Man hatte ihn uns in allen Einzelheiten beschrieben – riesengroß, ganz hellhaarig, fast weiß, aber mit einem roten Haarschopf! Wir wußten, daß vor einigen Jahren drei der besten Jäger, die zwischen Nairobi und Léopoldville unterwegs waren, bei der belgischen

Regierung Jagderlaubnis eingeholt hatten. Sie wollten über den Victoria-See nach Belgisch-Kongo eindringen, und sie waren ausgezogen, um ihn zu erlegen oder zu fangen, weil sich jemand erboten hatte, sie dorthin zu bringen, wo sein Reich sei. Sie verschwanden im Kongo und wurden nicht mehr gesehen. Später flüsterten die Pygmäen, die Zwergmenschen, einander zu:
»Der heilige Gorilla hat sie geholt! Der heilige Gorilla ist klug und sehr stark. Er weiß alles, er sieht alles. Kein Feind ist klug genug, ihn zu überlisten!«
Die Männer, mit denen ich damals unterwegs war, um Schimpansen zu fangen und Vögel zu holen, bekamen leuchtende Augen, als sie das Telegramm immer noch einmal lasen und vernahmen, daß zwanzigtausend Dollar für den hellen Gorilla ausgesetzt seien.
Man hatte mich gelehrt, bei jeder Jagdexpedition auf ein mir unbekanntes Tier alle Voraussetzungen zu prüfen und nie etwas zu wagen, wobei die Chancen eines Erfolges nicht wenigstens halbpart stünden. Ich fragte meine Begleiter, ob sie schon einmal einem Gorilla gegenübergestanden hätten. Die Antwort war so, wie ich sie erwartete: Jeder behauptete von sich, ein alter Gorilla-Jäger zu sein, aber ich wußte, daß das Jägerlatein nirgendwo üppiger gedeiht als im Urwald des Kongos.
Meine Begegnungen mit Affen, mit menschenähnlichen Affen, beschränkten sich, wie ich offen zugebe, auf ein paar überraschende und – ein wenig schmerzliche Begegnungen mit Schimpansen.
Eines Tages war ich hinzugekommen, als ein übereifriger Jäger auf einen alten Schimpansen geschossen hatte. Ich saß neben dem sterbenden Affen, als er mit einer wehmütigen Gebärde seine so menschenähnliche Hand auf die Wunde preßte, die jener Jäger ihm verursacht hatte, die Wunde, an der er – wie er fühlte – sterben würde. Ich sah in seinen Augen große Tränen, Tränen des Abschieds und des Schmerzes.
Und dann war ich eines Tages an den Gestaden des Victoria-Sees auf eine Pavian-Herde gestoßen. Zwar hatte

ich damals ganz andere Absichten und wollte nach Wasserböcken und nach Straußen Ausschau halten. Aber dann kreuzten auf einmal die Paviane unseren Weg. Sie hausen nicht, wie man häufig glaubt, in Wäldern auf Bäumen, sondern in der Steppe und im Gebirge. Sie kennen ihre Welt bis ins kleinste, und sie wissen, je nachdem, ob es Frühling, Herbst, Sommer oder Winter ist, ihrem meist sehr großen Revier die besten Seiten abzugewinnen.
Es waren gelbe Paviane, denen wir damals begegneten. Sie ziehen sich nachts gern auf Bäume zurück. Wir hatten die Pavian-Herde ruhig an uns vorüberziehen lassen und sahen die gewaltig großen Männchen mit ihren Weibchen, an denen sich die kleinen Jungen anklammerten, während die schon etwas größeren Tiere ihnen im Galopp folgten.
Es war ein possierliches Spiel. Sie rupften hier und da Gräser aus, die sie im Lauf verzehrten; sie warfen Steine herum, um Insekten zu haschen, die sie darunter vermuteten; sie packten Heuschrecken im Fluge.
Wir waren ihnen vorsichtig bis an eine Wasserstelle, der die Herde offenbar zustrebte, gefolgt.
Die Männchen hatten sich zuerst an das Wasser herangemacht und beobachteten es. Wir sahen, daß einige Paviane Steine ins Wasser warfen. Das geschah offenbar, um festzustellen, ob Krokodile irgendwo in der Nähe schliefen und auf Beute warteten.
Erst als sie sich davon überzeugt hatten, daß an dieser seichten Stelle, an der die Herde trinken wollte, Krokodile kaum eine Gefahr für sie bedeuteten, gaben sie Signale. Eines der Tiere mußte uns in diesem Augenblick bemerkt haben und gab ein Warnzeichen. Die ganze Herde räumte das Feld und zog sich in raschem Lauf in nahe Felsschluchten zurück, in denen die Affen verschwanden, als seien sie nie vorhanden gewesen. Ich sah, wie die Großen den Jüngeren, den Unerfahrenen Schläge und Tritte versetzten, um sie zur Eile anzuspornen.
Die Alten blickten ununterbrochen zurück, um festzustellen, ob wir ihnen folgten. Dabei hielten sie in ihrem raschen Lauf nicht inne. Dieses Zurückschauen habe ich in

meiner ganzen langen Praxis sonst nur bei gewissen Hyänenarten beobachtet.

Wir wollten unseren Weg fortsetzen, da wir nicht im entferntesten die Absicht hatten, uns mit den Pavianen, die als Herde ohne weiteres einigen Menschen gefährlich werden könnten, ernsthaft anzulegen. Außerdem paßten die Paviane nicht in unser Jagdprogramm. Wir waren schon eine gute Stunde unterwegs, als plötzlich einer meiner Leute stehenblieb, ein Zeichen gab und nach vorn deutete: »Da – steht ein Mensch, Massa!«

Einen Augenblick glaubte ich selbst, dort stünde ein Mensch an den Felsen gelehnt und schaue zu uns herüber – ein merkwürdiger, ein geheimnisvoller Mensch, etwa so, wie man sich vielleicht den Schneemenschen des Himalajas, den unheimlichen großen Unbekannten des Kilimandscharos oder den mysteriösen Urmenschen der Anden vorstellt.

In diesen Augenblicken brach die Sonne durch die Wolken, und ich sah, daß wir einen großen alten Pavian vor uns hatten. Er war einer von den Wachtposten, die die Herde ausgestellt hatte, um für die heraufziehende Nacht die Flucht in jene Felsschlucht zu decken.

Er sah und beobachtete uns genau, sich vielleicht die Richtung merkend, in der wir wanderten, um festzustellen, daß wir seiner Herde nicht gefährlich werden könnten.

Er gab durch ein dumpfes Brummen, mit einem Schrei durch die niedersinkende Nacht, der wie das Aufheulen einer erlöschenden Sirene klang, ein Signal weiter, ein Signal, das von anderen Pavianen aufgegriffen und weitergereicht wurde wie von einer Stafette, die rasch eine Meldung bis zum Hauptquartier durchzugeben hat.

Ich habe offengestanden als Tierfänger immer eine merkwürdige Scheu gehabt, mich mit Menschenaffen einzulassen; denn je größer die Menschenähnlichkeit ist, um so erschütternder ist nachher die Auseinandersetzung mit den Wesen, denen man die Freiheit nimmt.

Da war ich in Nigeria bei meinem alten Freund John Humphreis; er hatte dort eine große Farm. Als ich das erste Mal zu ihm kam, hatte man ihm gerade einen kleinen Schimpansen gebracht. Er gab ihm den Namen »Philipp«. Sie zogen Philipp auf – wie ein Kind. Philipp spielte mit den kleinen Negerkindern in der Nähe der Farm. Philipp war so zutraulich, daß Humphreis sich endlich entschloß, ihn als Hausdiener, als Dienstboten zu dressieren. Es war wirklich nicht das erste Mal, daß etwas Derartiges versucht wurde. In Guinea, in Liberia, an der Elfenbeinküste, im ganzen Kongogebiet gibt es Schimpansen, die man großartig dressiert hat – bis zu einem gewissen Punkt, bis zu dem Augenblick, in welchem die große Auflehnung kommt.

Sechs Jahre später war ich wieder einmal bei Humphreis. Philipp hatte sich zu einem großartigen »Hausdiener« entwickelt. Humphreis hatte mich mit seinem Wagen an einen Flugplatz abgeholt, der für die kleinen Maschinen, die heute hier die schnelle Verbindung besorgen, angelegt worden war. Als wir die Farm betraten, musterte mich der Schlingel, ging zweimal um mich herum und reichte mir dann die Hand. Er wartete, bis Humphreis in seinem Sessel Platz genommen hatte, dann zog er ihm die Stiefel aus, trug sie fort und brachte die Hausschuhe.

Anschließend ging er langsam und vornehm zum Rauchtisch und holte die Pfeife und Tabak, reichte erst noch hinüber zum Zeitungsständer und brachte dann alles zusammen: Tabak, Pfeife und Zeitung – seinem Herrn.

Mich beachtete er nicht mehr. Für ihn gab es auf dieser Welt eben nur eine Person, die er bedienen mußte, und das war Mr. Humphreis.

Jetzt wartete er, bis mein Freund seine erste Pfeife geraucht hatte. Dann holte er eine kleine Tonpfeife aus einem Versteck, reichte sie Humphreis, der die Pfeife mit seinem Tabak stopfte und für Philipp anzündete, der sie sehr manierlich rauchte. Am späten Abend saß er noch in unserer Nähe und trank ein Glas Whisky, das für ihn jedoch ganz schwach gemischt worden war.

Als ich drei Jahre später noch einmal in die Gegend kam, lebte John Humphreis nicht mehr. Er war mit seinem kleinen Flugzeug abgestürzt. Mit Philipp konnte man nichts Rechtes mehr anfangen. Man schickte ihn in einem Käfig nach England, wo er in dem Londoner Zoo untergebracht wurde. Hier wurde Philipp zum Eigenbrötler, zum schlechtgelaunten Sonderling, der vor allen Dingen aber wegen seiner Laune berühmt und geradezu berüchtigt wurde: Wenn zum Beispiel jemand in der Nähe seines Käfigs stand, der eine Pfeife rauchte, dann konnte es geschehen, daß Philipp blitzschnell zwischen den Stäben seines Käfigs hindurchgriff und dem Verblüfften die Pfeife entriß. Er wußte genau, daß es sich um einen Diebstahl handelte. Deshalb zog er sich mit der Pfeife in eine entfernte Ecke des Käfigs zurück und qualmte dort in aller Ruhe »seine Pfeife«, bis sie leergeraucht war.

Wenn ich sage, daß die Schimpansen bis zu einem gewissen Zeitpunkt manierlich sind und sich gut betragen, dann stütze ich mich auf meine eigenen Erfahrungen und das, was mir Eingeborene und Freunde in Afrika berichteten. Man hat in Hunderten von Fällen Schimpansen zum Pflücken von Kokosnüssen abgerichtet. Aber meist wurden die Tiere nach vier Jahren plötzlich faul, aufsässig und ausgesprochen rebellisch und bösartig. Meist war dann der Zeitpunkt gekommen, sie zu erschießen. In einem Fall hatte ein Farmer versucht, die Tiere durch größeres Entgegenkommen, durch bessere Ernährung, durch größere Freiheit, durch eine geringere Anzahl von Arbeitsstunden – zur Vernunft zu bringen.

Als er aber eines Tages trotz der Warnung eines Mischlings, mit dem er sonst immer zusammen die Schimpansen in die Plantagen hinausführte, die Tiere zum Pflücken brachte, überfielen sie ihn und richteten ihn mit ihren Zähnen so zu, daß er seinen Verletzungen erlag.

Ich hatte manchmal kleine Schimpansen gesehen, die sich im Zusammenleben mit kleinen schwarzen oder weißen Kindern vollkommen menschlich entwickelten, so daß sie nach anderthalb Jahren zehnmal so klug, so erfahren und – so gerissen waren wie ein Menschenkind. Außerdem besaßen sie fünfmal die Kraft eines solchen kleinen Wesens. Aber dann kam auf einmal die Stunde, in der das Kind zu sprechen begann. Von diesem Zeitpunkt an tat sich die tiefe Kluft auf zwischen dem Tier und dem Menschen, dem Schimpansen und dem Wesen, das seinen Lauten einen ganz bestimmten, in Worten ausdrückbaren Sinn zu geben vermag. Ich hatte mir manchmal Gedanken gemacht über diese seltsame Laune der Natur, diesen Schimpansen und den Kindern eine Gleichheit der Entwicklung zu bescheren, um dann auf einmal eine Grenze zu ziehen. Mir kamen kleine Schimpansen zu Gesicht, die, kaum ein Jahr alt, ganz sauber aßen, sich großartig anzuziehen wußten, sich peinlichst sauber hielten auch über die Zeit hinaus, wo die kleinen Menschenkinder noch ihre Kleider beschmutzen und auch sonst ihren Müttern noch recht viele Sorgen bereiten, abgesehen vom Mangel am guten Benehmen, das man ihnen nur mühsam beibringen konnte.

Ich spreche absichtlich so ausführlich von meinen ersten Erlebnissen mit Affen, mit Pavianen und Schimpansen, weil man sonst vielleicht nicht versteht, weshalb ich ein wenig erschrak, als ich das Telegramm las, das meinen Freunden soviel Freude bereitete.

Wir sollten einen Gorilla fangen – nicht irgendeinen Gorilla, einen kleinen, den wir vielleicht einer Affenmutter stehlen konnten, sondern – den hellen Gorilla, den weißen Gorilla, wie die Pygmäen ihn nannten. Der Preis mochte für meine Freunde das Abenteuer lohnend erscheinen lassen. Ich ging mit einer dumpfen Ahnung, mit dem Gefühl der Angst vor der Begegnung mit dem Wesen, das dem Menschen zu sehr ähnelt, das fast ein Wesen ist wie ich und du, wie jeder von uns – an die neue Aufgabe heran.

Die Geheimnisse des Königs Kasicula

Wir hatten die übliche Ausrüstung bei uns: ein paar Netze, sieben Fallen, zahlreiche feste Hanfstricke. Aber würde es uns damit gelingen, den hellen Gorilla zu holen?

Als wir den Eingeborenen gegenüber davon sprachen, daß

wir auf Grund der Nachricht, die uns erreicht hätte, fest entschlossen seien, den hellen Gorilla zu fangen, da merkte ich, daß einige von unseren besten Trägern und Jagdhelfern merkwürdig grau wurden. Ihre Augen wurden ganz groß, sie begannen zu schlucken und ihre breiten Lippen mit der Zunge zu benetzen. Das war das Zeichen, daß sie Angst hatten.

Wir hörten später bis tief in die Nacht hinein ein eifriges Palavern der Neger untereinander. Doch dann wurde es dunkel. Die Feuer, um die sie gesessen hatten, erloschen. Nur eine Feuerstelle blieb mit matter Glut erhalten, um die Nachtgespenster zu verjagen, die um diese Zeit kommen könnten.

Es war die beinahe körperlich fühlbare Finsternis, die auf einmal über uns lag. Ich konnte nicht schlafen und war froh, wenn dann und wann ein leiser Wind zu uns herüberblies. Ich sah, wie im Schein des schwachen Feuerbrandes, der drüben unterhalten wurde, die Lichtschimmer spukhaft zu den Bäumen hinüberzuhuschen schienen. Eine gigantische Pflanzenwelt bot sich mir in einem ganz anderen Licht.

Plötzlich war ich in einen Halbschlaf gesunken, in welchem ich die Bäume dort drüben wie eine ungeheure Riesenmauer von erdrückender Wucht sich erheben sah. Und aus dieser Riesenmauer glaubte ich plötzlich den mächtigen Kopf eines Gorillas hervordringen zu sehen.

Zwar konnte ich keine Einzelheiten unterscheiden. Aber es war ein riesiger Kopf mit großen Augen. Ich glaubte ein Flüstern und das Knacken von Zweigen zu hören. Leider hatte ich keine Ahnung, wie spät es in der Nacht sein konnte. Ich war nicht ganz wach. Aber ich schlief auch nicht mehr und ahnte plötzlich, daß es wohl jene kurze Zeit war, in der zwischen Herrschen der Dunkelheit und Morgendämmerung das großartige Konzert des Urwalds verstummt. Die Nachttiere sind um diese Zeit schon zur Ruhe gegangen, die Tagtiere sind noch nicht erwacht, und ich hatte eine Vision des Gorillas, den wir fangen sollten, immer in meinem Halbschlaf versuchend, auf die

Worte zu lauschen, die ich aus seinem Munde zu vernehmen glaubte. Sagte er etwas? Sprach er zu mir, zu einem anderen Gorilla, zu den Eingeborenen?
Ich mußte dann wohl noch einmal eingeschlafen sein; denn als die Finsternis dieser Nacht in ein fahles Grau überging, in dessen nebelhaftem Schimmer ich die Welt um mich her und die Bäume drüben auf der anderen Seite wieder klar erkennen konnte, da sah ich, wie durch einen Schleier, die Natur langsam überall erwachen. Ich schaute hinauf zu den merkwürdig blauen Flecken, die zwischen den Nachtwolken sichtbar wurden und sich unter einem Morgenwind eilig verzogen.
Ich hörte das Präludium der ersten Frühaufsteher unter den Vögeln, die uns ein Ständchen brachten, und versuchte, die Erinnerung an den schlechten Traum, an den Alpdruck, den ich durchkostet hatte, zu verscheuchen.
Aber als es dann Tag war und wir uns erhoben, um zeitig aufzubrechen, ergab sich, daß fünf unserer besten Leute das Weite gesucht hatten. Sie waren uns einfach davongelaufen aus Angst vor dem hellen Gorilla.
Diese Botschaft verkündeten uns in aller Offenheit die anderen, die bei uns geblieben waren. Sie versicherten, sie würden uns nur so weit begleiten, bis wir an die Grenzen des Reichs des Königs Kasicula gekommen seien. Dann wäre auch ihre Mission zu Ende.
Nun versuchten wir, aus ihnen herauszubekommen, wer dieser König Kasicula sei, denn wir hatten noch nie von ihm gehört; sein Reich stand auf keiner Karte verzeichnet. Nach und nach gelang es mir, von dem Klügsten unserer schwarzen Begleiter die Wahrheit zu erfahren.
Es gibt im Kongogebiet die weißen Männer, die glauben, diese Welt regieren zu können, solange sie es noch mit ihrer Macht und ihren Waffen vermögen. Aber neben ihnen gibt es zahlreiche andere Regierungen – Geheimgesellschaften, die sich durch das ganze Land ziehen, Zusammenschlüsse von Eingeborenen, die davon träumen, eines Tages mächtige afrikanische Reiche zu errichten, wie sie schon einmal bestanden.

Außerdem aber gibt es ein anderes, mysteriöses Königreich, von dem die Belgier und Franzosen nichts wissen wollen, das die englischen Geheimdienste zu erforschen versuchten und von dem man zu unserer Zeit – gar nichts Genaues ahnte.

Jener schwarze Helfer, der mir schließlich die Aufschlüsse gab, die wir unbedingt brauchten, wenn wir unsere Aufgabe lösen wollten, verriet mir folgendes:

»Dieser König Kasicula ist ein kluger Mensch, aber klein, nur so groß wie ein Zwerg. Doch er ist der König aller Pygmäen, aller Zwergmenschen. Sein Reich erstreckt sich von der Küste des Atlantiks bis nach Äthiopien hinüber. Alle Pygmäen – wie sie auch immer heißen mögen – die Babongos, die Bagelis, die Tikitikis oder die Watras – alle gehorchen ihm. Sie mögen in großen oder kleinen Familien unstet und scheu im Urwald hausen, ihre Giftpfeile anrichten, auf die Jagd gehen, wenn es sie gelüstet, aber wenn Kasicula, der König, ruft, dann hören sie auf sein Wort.

Kasicula aber ist deshalb der König aller Pygmäen, weil er alle Gorillas beim Namen kennt. Er weiß, wo sie wohnen, er kennt ihre Reviere, er kennt sich sogar in ihren Stammbäumen aus. Er ist der einzige Mensch dieser Erde, der mit den Gorillas sprechen kann und dem alle Einzelheiten über die hellen und dunklen Gorillas bekannt sind. Ich warne Euch – sucht nicht den hellen Gorilla! Er ist gefährlich. Der helle Gorilla ist anders als die Gorillas, denen wir hier und da schon begegnet sind; er ist größer und stärker. Er soll zu einer Art von Gorillas gehören, die nur noch drüben in den Bergen haust, auf deren Gipfel Schnee liegt. Er hat vom Schimpansen die Schnelligkeit, vom Gorilla die Kraft und das Gebiß und vom Menschen die Klugheit ...«

Dann bat er mich, niemandem zu erzählen, daß er mir alles über König Kasicula und über den hellen Gorilla verraten habe. Denn die anderen seien fest davon überzeugt, daß wir alle in unseren Tod gingen. Es seien schon viele aufgebrochen, um auf den hellen Gorilla zu schießen.

Man habe sie mit zerbrochenem Rückgrat und mit verbogenen Gewehren tot irgendwo aufgefunden. Aber den hellen Gorilla zu fangen – das hatte sich noch niemand in den Kopf gesetzt.
Man hat mir nie im Leben nachsagen können, daß ich vor einer Situation, die man mit Vernunft ermessen, mit Überlegung meistern oder mit schnellen Reaktionen zwingen kann – Angst gehabt hätte. Aber irgend etwas von dem unheimlichen Gefühl, das in diesen Schwarzen steckte und sie zur Flucht trieb, sprang auf mich über, und vielleicht war es auch die Erinnerung an den unheimlichen Traum in der Nacht ...
Wir fragten unsere Eingeborenen zwei Tage später, nachdem wir dreimal die Richtung geändert hatten, wo die Grenze des Reichs des Königs Kasicula liege. Sie sagten, es gäbe keine Grenzen. Aber eines Tages wüßten sie, wenn wir in seiner Nähe seien. Am Nachmittag des gleichen Tages hörten wir, daß rechts und links vom Weg, den wir zurücklegten, Schatten huschten, Zweige knackten, seltsame Pfiffe, die nicht an Vogelstimmen erinnerten, durch den Urwald gellten.
Es waren die Kobolde des Urwalds, die Zwerge, die Pygmäen, die sich uns angeschlossen hatten und uns begleiteten. Als sie plötzlich begannen, Pfeile in die Bäume vor uns zu schießen, da sagten unsere eingeborenen Träger, unsere Jagdbegleiter:
»Jetzt sind wir im Reich des Königs Kasicula. Jetzt müssen wir zurückkehren. Wir dürfen nicht bei Euch bleiben.«
Ich bot dem Eingeborenen, der mir von den Geheimnissen des Königs Kasicula erzählt hatte, den doppelten Lohn, den dreifachen Betrag, den wir ihm sonst zahlen wollten. Er besprach sich mit den anderen. Die anderen rieten ihm ab. Das ergab sich aus ihren Gesten. Sie gingen. Er blieb.
Aber er war merkwürdig nervös und schlief des Nachts nicht. Er saß die ganze Nacht an einem Feuer, das er lichterloh schürte, und starrte in die Finsternis. Manchmal rief er etwas in die Dunkelheit hinein – Worte in einer

Sprache, die wir nie gehört hatten. Er wollte offenbar eine Verhandlung mit den Pygmäen aufnehmen, aus der Situation, in die er sich hineingewagt hatte, das Beste herausholen.
Eines Nachts hatte er es geschafft. Drei Pygmäen waren bei ihm aufgetaucht. Er hatte ihnen an Geschenken alles gegeben, was er besaß; dabei hatte er unsere halbe Küche ausgeräumt und uns am nächsten Tag klargemacht, daß der Preis nicht zu hoch sei!
»Wir werden den König sehen! Ich werde versuchen, mit ihm zu sprechen. Ich habe den Zwergen nichts davon gesagt, daß wir den hellen Gorilla suchen, habe nur angedeutet, daß Ihr mit den Gorillas sprechen wollt, eine Unterhaltung von Mensch zu Gorilla, wobei der König den Dolmetscher machen soll.«
Wenn die Pygmäen Wort hielten und sich das verwirklichte, was sie um den Preis unserer Löffel und Kessel versprochen hatten, – dann war das, was wir verloren, wirklich nicht zu groß und der Preis nicht zu hoch.
»Aber wir werden ihn nicht von Angesicht zu Angesicht sehen. Wir werden seine Stimme hören. Er will uns Rede und Antwort stehen und uns seine Bedingungen nennen. Er läßt uns bestellen, daß er mit den Gorillas sprechen könne wie mit den Menschen. Aber wir sollten die Fragen, die wir an die Gorillas hätten, seinen Boten schon jetzt mitgeben.«
Ich war besorgt um den hellen Gorilla. Unser Unterhändler gab sich unendliche Mühe. Er redete stundenlang auf die Pygmäen ein und machte ihnen klar, daß wir alles das, was wir ihrem König zu sagen hätten, nicht ihnen anvertrauen könnten, und schließlich verfiel er auf die List zu behaupten, wir – die weißen Männer – seien selbst Könige aus einer anderen Welt, aber auf der gleichen Rangstufe wie König Kasicula.
In der darauffolgenden Nacht war König Kasicula plötzlich da. Wir sahen ihn nicht. Er blieb, wie er angekündigt hatte, im Dickicht, und um ihn her hatten die Pygmäen eine große und undurchdringliche Laubwand gebaut.

Er hatte eine leise Fistelstimme wie ein uralter Mann und antwortete zögernd mit großen Pausen. Es waren erst kleine alltägliche Fragen, die unser Unterhändler, unser Dolmetscher, stellte, um ihn in Sicherheit zu wiegen. Aber dann wurde die Fistelstimme schärfer, fordernd, beinahe keifend:

»Er will genau wissen, weshalb wir hier sind, denn er muß irgendeine Nachricht erhalten haben. Pygmäen einer anderen Gegend oder Eingeborene, die mit den Pygmäen Verbindung haben, müssen ihn darüber aufgeklärt haben, daß wir Tiere jagen und fangen wollen. Ich weiß nicht, was ich ihm antworten soll.«

»Sag' ihm, daß es nicht wahr ist, was man ihm erzählt hat, sag' ihm, daß wir dem hellen Gorilla unsere Aufwartung machen wollen. Das sei der geheime Rat unseres Königs!« Das war der Rat, den ihm mein Jagdbegleiter Charles gab, ein alter belgischer Offizier, der viele Jahre im Kongo zugebracht hatte, aber nie bis zu dieser Stelle vordrang. Ich fragte mich, ob es klug sei, die Karten offen auf den Tisch zu legen.

Auch unser Dolmetscher zauderte. Aber Charles bestand darauf. Da sagte Jackie, unser Eingeborener, mit zögernder, unsicherer Stimme, was Charles ihm aufgetragen hatte. Er bekam keine Antwort mehr. Wir hörten, daß ein merkwürdiges Raunen und Summen unter den Pygmäen vernehmbar wurde. Jeder sagte dem Nächsten ein Stichwort weiter. Sekunden später war der Urwald still, doch die Tiere nahmen ihr Konzert wieder auf, das sie unterbrochen hatten, als König Kasicula, der Herrscher der Pygmäen, sprach.

Der Tote im Dschungel

Jackie riet uns am nächsten Morgen aufzubrechen, den Rückzug anzutreten, von unserem Plan, den hellen Gorilla zu fangen, endgültig Abstand zu nehmen. Ich stimmte ihm zu. Charles war anderer Ansicht. Er dachte an das Geld. Er wollte sich am Stadtrand von Léopoldville ein Grundstück kaufen und ein Haus bauen. Und das war genau das Geld, das ihm noch fehlte. Ich sah, daß es ihm keine Ruhe ließ. Er entwarf einen Plan, um vielleicht ein Dutzend Pygmäen entweder durch Geschenke zu verlocken oder aber – zu zwingen, mit uns auf die Suche nach dem hellen Gorilla zu gehen.

Jackie antwortete nicht mehr. Er sagte mir, daß er ein Dummkopf gewesen sei, allein bei uns zu bleiben, als seine Freunde, seine Brüder von uns gingen.

Aus seinem ganzen Gehabe merkte ich, daß er sich mit dem Plan trug, uns auch zu verlassen. Ich warnte ihn, denn es war mir bekannt, daß es für einen Weißen oder Eingeborenen unmöglich war, von unserem jetzigen Standort aus die nächste Siedlung oder einen weißen Posten zu erreichen. Er hatte uns selbst darauf aufmerksam gemacht, in welche Gefahr wir liefen, wenn wir uns allein zu weit von unserem Lager entfernen würden.

»Die Giftpfeile dieser Pygmäen sind nicht nur für Tiere gefährlich, sondern auch für Menschen. Das Gift macht schläfrig, die Hände und die Füße quellen auf. Dann legt man sich zum Schlafen nieder und wird nie mehr wach.«

Ich erinnerte ihn an seine eigene Warnung. Er schaute geradeaus und antwortete mir nicht.

Ich wußte, daß er an diesem Platz für uns unentbehrlich war. Denn wenn dieser Kasicula, der König der Pygmäen, hier seine unumschränkte Herrschaft ausübte, dann gelang es uns auch nicht, Pygmäen in unseren Dienst zu stellen, die bereit gewesen wären, uns die Hilfe zu leisten, die wir brauchten, wenn wir immer noch das Ziel verfolgten, den hellen Gorilla zu fangen.

Ich hatte darauf bestanden, daß Jackie bei mir im Zelt schlafen sollte, und hoffte, auf diese Weise verhindern zu können, daß er uns davonlief. Zwar war er geschickter und klüger, als ich dachte – und doch so tragisch einfältig, wie ich es nie für möglich gehalten hätte.

Wir hatten in dieser Nacht bis gegen ein Uhr geplant, Möglichkeiten erwogen und wieder verworfen. Charles sprach davon, daß man vielleicht ein Dutzend Leute, die

früher im belgischen Militärdienst gestanden hätten, als Helfer, als Träger nachkommen lassen könnte.
Er wollte selbst aufbrechen und diese Leute holen. Charles war ein verwegener Bursche. Ich war in einen tiefen traumlosen Schlaf gesunken. Plötzlich schreckte ich auf – durch einen furchtbaren Schrei, den Schrei eines Menschen irgendwo im Urwald in unserer Nähe, fünfzig bis hundertfünfzig Meter von uns entfernt. Es war ein einziger langgezogener Schrei.
Ich tastete nach einem Zündholz. Der Platz, an welchem Jackie vorhin schlief, war leer. Ein Blick genügte: Er war geflohen und hatte seine ganzen Habseligkeiten mitgenommen.
Auch Charles und die anderen hatten den Schrei gehört. Aber im Dunkel dieser Nacht konnten wir nichts tun. Denn wir wußten ja nicht einmal genau die Richtung, aus der der Schrei gekommen sein konnte.
Noch nie war mir eine Nacht so lang geworden wie diese. Als der Tag fahl heraufzog, hielt es mich nicht mehr. Ich drang in der Richtung, aus welcher ich den Schrei gehört zu haben glaubte, in das Dickicht vor. Dort war auch ein Pfad, der Weg, auf welchem wir die Lichtung erreicht hatten, auf der wir lagerten. Aber dieser Pfad schien mir auf einmal viel schwieriger als vor einigen Tagen. Ich kam nur halb kriechend vorwärts. Meine Füße verfingen sich in tückischem Wurzelgeflecht. Zweimal versank ich bis zu den Knien in einem unheimlichen Sumpf, den ich vorher gar nicht gesehen hatte. Ich verfing mich in Lianen. Die Rankengewächse, die von den Bäumen herniederhingen, schienen nach meinen Kleidern zu greifen. Ich schlug mit dem Buschmesser um mich. Das mußte der Weg sein. Es war kein Regen gefallen. Mir kam der Gedanke, daß vielleicht die Pygmäen einen Bach oder einen Fluß, der in der Nähe vorüberfloß und dessen Rauschen ich manchmal des Nachts vernahm, umgeleitet hätten, um uns irrezuführen.
Vor mir hörte ich das Krächzen von Vögeln. Es waren Geier, die schon gewittert hatten, daß für sie irgendwo

ein Opfer lag. Da wußte ich, daß ich auf dem richtigen Wege sei, und schlug mich durch bis zu der Stelle, wo der Weg etwas breiter wurde. Dann kam die Schneise, über der sich die Totenvögel befanden; sie schienen ärgerlich zu sein, daß ein anderer sich ihrem Opfer näherte.
Ich fand Jackie im hohen Gras. Er hatte die Augen weit aufgerissen und die Hände über seiner Brust verkrallt. In seinem Antlitz stand der Ausdruck des Entsetzens, einer furchtbaren namenlosen Angst.
Er lag so seltsam, wie sonst ein Mensch gar nicht liegen kann. Da wurde mir klar, was geschehen sein mußte, als er so furchtbar schrie – in der finsteren Nacht, die seine Todesnacht wurde. Jemand hatte ihm mit ungeheurer Gewalt das Genick gebrochen und das Rückgrat an zwei Stellen durchschlagen.
Da stieg in mir eine unheimliche Erkenntnis auf: Das war der helle Gorilla!

Der Gorilla ist Richter

Ich sagte niemandem etwas von meinem Verdacht, denn ich wollte die Eingeborenen, meine Begleiter und die Pygmäen nicht erschrecken. Ich ließ den Toten liegen, wie ich ihn gefunden hatte. Es gelang mir, im Busch einen Zwergmenschen aufzutreiben, der mir offenbar auf dem Fuß gefolgt war. Ich konnte mich nur mühsam mit ihm verständigen. Aber er führte mich in eine kleine Pygmäen-Siedlung, die eine halbe Stunde von diesem Platz entfernt im Laufe der Nacht errichtet worden sein mußte. Dort war jemand, der einige Worte Französisch in einer Missionsschule gelernt hatte, der längere Zeit unter großen Eingeborenen gelebt hatte.
Er ging mit mir zu der Stelle zurück, wo ich unseren Dolmetscher zurückgelassen hatte. Dieser lag noch immer so, wie ich ihn vorher fand. Um die Leiche vor Raubvögeln und den Aasgeiern zu schützen, hatte ich Geäst über sie gebreitet. Aber die Ameisen hatten sich bis zu ihr vorgearbeitet. Der Pygmäen-Dolmetscher versuchte, mir

klarzumachen, daß hier ein unheimliches Todesurteil vollstreckt worden war.

»Der Gorilla ist unser Richter. Er ist derjenige, der unsere Todesurteile vollstreckt. Wir töten nicht einen von uns, wenn dieser ein Verbrechen begeht, auf das nach alter Pygmäen-Tradition der Tod steht.

Ich weiß nicht, was dieser Mensch getan hat. Ich kenne die Schuld nicht, die er auf sich lud. Vielleicht hat er Geheimnisse des Waldes an die weißen Menschen verraten. Wir sprechen ein solches Todesurteil nur aus, wenn ein Mann mit einer Pygmäen-Frau Untreue begeht.

Dann führen wir den Todeskandidaten tief in den Dschungel. Unsere Zauberer rufen den großen Richter – den hellen Affen – an. Sie wissen einen ganz bestimmten Laut, auf den er hört. Wenn dann der helle Gorilla kommt, schicken wir ihm den Verurteilten entgegen. Er fängt ihn, er zerbricht ihn und läßt ihn sterben, so wie diesen Menschen!«

Es dauerte viele Stunden, bevor ich die Zusammenhänge so begriffen hatte, wie ich sie hier niederschrieb. Wort für Wort, Begriff für Begriff mußte ich aus diesem kleinen und doch so klugen Menschen herausfragen, um mich auf Umwegen mit ihm zu verständigen. Das war also die Rache des Urwalds, weil Jackie sich bereit erklärt hatte, bei uns zu bleiben, uns doch den Weg zu zeigen – zum hellen Gorilla.

Jetzt hielt ich es für das klügste, meine Begleiter dorthin zu führen, wo ich Jackie gefunden hatte. Der Anblick dieses Toten jagte ihnen doch eine gewisse Angst vor dem hellen Gorilla ein. Außerdem hörten wir ringsum das dumpfe Dröhnen der Sprechtrommeln. Offenbar war der Tod Jackies mit der unheimlichen Schnelligkeit, mit der Nachrichten durch den Urwald eilen, schon in weitem Umkreis bekanntgeworden. Mir war längst klar, daß wir unter diesen Umständen keine Jagdhelfer mehr finden könnten, weder unter den Negern noch unter den Pygmäen. Die Jagd auf den hellen Gorilla mußten wir also aufgeben. Ich tröstete meine Jagdbegleiter mit der Aus-

sicht, vielleicht anderswo einen hellfarbigen Gorilla aufzuspüren, der einigermaßen den Wünschen unserer Auftraggeber entsprach.
Es waren vier furchtbare Tage, bis wir uns aus dem Bereich des hellen Gorillas, aus seinen Jagdgründen, entfernt hatten. Überall rechts und links, wo wir auch wanderten und uns durch den Busch schlugen, glaubte ich das Knakken von Ästen, das Geflüster,das Zischeln der Pygmäen zu hören.
Auf einmal wurde es ruhiger. Die Pygmäen haben ihre Jagdbezirke, über die sie meist nicht hinausgehen. Uns war, als kämen wir in eine ganz andere Welt. Viele Stunden später stießen wir auf eine Eingeborenen-Siedlung. Dort berichtete man uns von frischen Gorillafährten, die man im feuchten Urwaldboden gesichtet habe.
Man vermutete, daß die Gorillas sich in einem nahen Busch, der fast nur aus Schirmbäumen bestand, aufhielten. Wir hatten uns vorsichtig an diesen Busch herangemacht, als einer der Eingeborenen, die wir als Führer und Helfer verpflichtet hatten, plötzlich stehenblieb und zu jenem Busch hinüberlauschte. Wir vernahmen merkwürdige Laute. Es war das helle Gekicher eines Gorillaweibchens, das sich mit seinem Herrn und Gebieter zu streiten schien. Und gleich darauf zeterte das Gorillaweibchen, das offenbar ein Junges zu sich rief, das sich zu weit von der Mutter entfernt hatte.
Wir waren also auf der richtigen Spur. Wenn es uns gelang, das Gorillaweibchen mit dem Jungen von dem alten Gorilla zu trennen, dann konnten wir einen Jagderfolg erzielen, wie ich ihn mir in den letzten Tagen nicht mehr erträumt hatte.

Ein Gorilla-Junges wird geraubt

Die Eingeborenen weigerten sich, uns weiter zu folgen. Wir redeten auf sie ein. Sie bedeuteten uns, daß dieser Wald das Reich dieses Gorillas sei, einer der endlosen, immer grünen tropischen Regenwälder, wo offenbar tat-

sächlich der alte Gorilla vorübergehend seinen großen Herrschaftsbereich hatte. Die Eingeborenen fürchteten vor allem, daß der Gorilla, wenn man ihm sein Weibchen nähme und sein Junges raube, in die Dörfer einbräche und sich aus Rache schwarze Frauen hole! Sie schienen fest davon überzeugt zu sein, daß schon mehr als einmal in der Geschichte dieses Waldes, der dort vor uns lag, Gorillas Negerfrauen geholt und nie mehr freigegeben hätten.
Wissenschaftlich und auf Grund aller Berichte, die von Zoologen und Anthropologen vorliegen, werden diese Behauptungen in das Reich der Legende verwiesen. Man gibt höchstens zu, daß Zusammenstöße zwischen Gorillas und Menschen manchmal vorgekommen seien, aber meist nur, wenn der Gorilla gereizt wurde. Von einem Frauenraub wollte man in den amtlichen Aufzeichnungen und in den wissenschaftlichen Werken, die mir zugänglich wurden, nie etwas wissen.
Wir konnten mit Mühe erreichen, daß die Eingeborenen uns in einer Entfernung von etwa fünfzig Meter folgten. Sie tarnten sich im Gras so geschickt, daß sie jeden Augenblick untertauchen und im Falle der Gefahr die Flucht ergreifen konnten.
Wir arbeiteten uns in den Wald der Schirmbäume hinein und hofften, daß Laute uns hier- oder dorthin leiten würden. Aber alles war auf einmal totenstill. Die Gorillas mußten uns beobachtet haben, als wir uns dem Busch näherten. Wir beschlossen, die Geduld der Gorillas auf die Probe zu stellen, und rührten uns nicht, unsere Glieder wurden steif. Wir blieben dort im Unterholz liegen, wo wir uns gerade befanden.
Das Junge schien zuerst die Geduld verloren zu haben, es begann zu rufen, zu quietschen, zu jubilieren, es wollte mit der großen Mama, die wir noch gar nicht gesehen hatten und nur jetzt durch die Bewegung des Laubs und das Schütteln der Bäume wahrnahmen, offenbar spielen und herumtollen.
Aber die Gorilla-Dame war wohl durch ihr instinktives Mißtrauen zu vorsichtig.

Doch das Kleine ließ sich nicht mehr halten. Wir sahen es plötzlich vor uns – kaum vier Meter entfernt. Es war ein herziges Gorillababy, das mit kindlicher Unbekümmertheit von einem Ast zum anderen torkelte und plötzlich erstaunt mit weit aufgerissenen Augen und sich sträubenden Haaren stehenblieb, als es uns erblickte.
Unser Belgier war wohl plötzlich der Ansicht, daß dies die große Chance unseres Lebens sei, ein Gorillababy zu fangen. Er hatte das Netz, das er auf seinem Rücken trug, blitzschnell gelöst, sprang nach vorn und warf es über das Gorillababy, das in hellem Entsetzen aufschrie.
Der Belgier schrie uns etwas zu, was wir nicht mehr verstanden. Er hatte seine Last auf die Schulter genommen und lief zum Waldrand hinüber. Wir begriffen, daß wir seine Flucht decken sollten.
Das Gorillababy schrie wie ein kleines Kind. Wir waren uns darüber im klaren, daß die nächsten Sekunden für uns große Überraschungen bringen konnten. Der Ruf des Babys mußte nicht nur die Mutter, sondern auch den alten Gorilla alarmieren, wenn er in der Nähe war.
Wir konnten nicht einmal unsere Gedanken zu Ende bringen und einen Plan fassen, da hörten wir, wie plötzlich Bäume krachten, Äste brachen und mit einem furchtbaren Getöse und einem dumpfen Brüllen, das aus einer Trommel oder aus einem tiefen Sack zu kommen schien, die Gorilla-Mama vor uns auftauchte. Sie war sechs Meter von uns entfernt.
Ich schoß zweimal in die Luft, um sie zu erschrecken. Doch ich war fest entschlossen, nicht auf sie zu schießen. Ich hatte eine Gaspatrone in den Lauf geschoben.
Und da geschah etwas Unerwartetes, etwas Unheimliches. Die Gorilla-Mama war offenbar nur vorgeschickt worden, um unsere Aufmerksamkeit abzulenken. Da hörte ich hinter mir einen Schrei, der mir in Sekundenschnelle klarmachte, daß der alte Gorilla nicht allzuweit entfernt sei. Als ich mich umwandte, erhielt ich im nächsten Augenblick einen furchtbaren Schlag gegen den Kopf, so daß ich einige Meter weit fortgeschleudert wurde. Ich fühlte,

wie mir das Blut aus der Nase, den Ohren und dem Mund schoß. Doch sagte ich mir selbst: nur jetzt nicht ohnmächtig werden, nicht die Besinnung verlieren, du mußt um dein Leben kämpfen und notfalls auf den Angreifer schießen!
Aber vor mir verschwamm das Bild, mir wurde schwarz vor den Augen. Dann sah ich alles wie durch einen Schleier. Ich erblickte eine wildverzerrte Fratze, ich sah Augen, die in grenzenloser Wut aus dem Kopf quollen, aus dem mächtigen Schädel eines Gorillas. Ich sah den Alten, der mit den Zähnen fletschte.
Aber seine Wut galt nicht mir. Durch den Schlag war ich aus seinem Gesichtskreis geschleudert worden. Er hatte sich auf unseren Jagdbegleiter gestürzt, der seinen Karabiner mit eiserner Kaltblütigkeit dem Gorilla in das furchterregende Antlitz abschoß.
Das Gorillaweibchen hatte sich offenbar an die Verfolgung des Belgiers gemacht, der mit dem jungen Gorilla davonlief. Ich sah auf einmal, wie der alte Gorilla sich auf der Stelle zu drehen begann, nach seinem Nacken griff, als vermute oder spüre er dort einen Gegner, einen Feind. Er versuchte, diesen Feind zu fangen, und drehte sich solange, bis die tödlichen Kugeln ihr Werk vollendet hatten und er mit einem markerschütternden Schrei in sich zusammensank. Ich bleibe dabei, daß Gorillas, Schimpansen und Orang-Utans, also die menschenähnlichsten unter den Affen, in ihrer Freude und in ihrer Todesnot sich so benehmen wie Menschen und auch ihre Anklage an das Schicksal, wenn das Sterben plötzlich über sie kommt, mit den gleichen Lauten vorbringen.
Dem Belgier war es gelungen, mit dem Gorillababy zu entkommen. Er hatte den Waldrand erreicht. Die Eingeborenen hatten ihn erspäht; sie halfen ihm, die Last, die ihm zu schwer zu werden drohte, fortzuschleppen. Sie warfen dem Gorillaweibchen, das seinem Jungen folgen wollte, Feuerbrände entgegen.
Als wir zwei Stunden später wieder alle beisammen waren, hielten wir mit den Eingeborenen Kriegsrat. Sie sagten

uns, daß das Gorillaweibchen in der nächsten Nacht kommen werde, um nach seinem Jungen zu suchen. Diesen Besuch fürchteten sie. Der Belgier war der Ansicht, daß es keine bessere Gelegenheit geben könne, auch die Gorilla-Dame zu fangen. Man müsse nur die richtige Falle bauen, eine Möglichkeit finden, das Gorilla-Weibchen so ins Netz zu bringen, daß es sich nicht mehr befreien konnte.

Bis zum Einbruch der Nacht arbeiteten wir an einer seltsamen Falle, die aus vier dünnen Pfählen bestand, die in einem weiten Viereck gesteckt waren und zwischen denen wir unser Netz in einer Höhe von drei Meter aufspannten. Mit den Eingeborenen verabredeten wir, daß sie das Gorillaweibchen, wenn es wirklich kommen sollte, rings um die Siedlung so lange abschrecken müßten, bis die Gorilla-Dame an die Stelle gekommen sei, wo wir sie hinzuhaben wünschten.

Hinter dem aufgespannten Netz hatten wir das Junge in einem großen Korbgeflecht untergebracht. Wir hatten eine alter Negerin zu dem Jungen gesetzt. Ihr gelang es, vorübergehend das Gorillababy zu beruhigen. Aber als es dunkel wurde, begann das Kleine zu schreien – genau wie ein Kind.

Es verlief alles ganz planmäßig. Die Gorilla-Dame wollte unbedingt ihr Junges zurückholen. Vorsichtig näherte sie sich dem Weidenkorb. Noch war sie zwölf Meter entfernt, aber genau unter unserem Netz. Wir brauchten jetzt nur die vier dünnen Pfähle blitzschnell umzulegen, und das Netz fiel über der Gorilla-Dame zusammen.

Es war ein Spiel, das gut oder auch gefährlich ausgehen konnte. Mißlang alles, dann holte das Gorillaweibchen das Junge aus dem Korb und entfloh. Glückte unser Plan, dann ...

Ich bewunderte die Kaltblütigkeit und die Ruhe des Belgiers. Dieser Mann schien wirklich keine Nerven zu haben. Er brüllte ein Kommando in die Dunkelheit. Die vier Pfähle stürzten, denn sie waren mit Seilen verbunden, mit denen wir sie niederreißen konnten. Wir hörten einen

Entsetzensschrei aus der Kehle der Gorilla-Dame. Und je mehr sie dann versuchte, sich aus dem Netz zu befreien, um so tiefer verstrickte sie sich in das hartfaserige Gewebe, das sogar ihren Zähnen widerstand.
Wir ließen uns Zeit, bis der Morgen graute. Das Baby, das die eigene Mutter in das Verhängnis gelockt hatte, brachten wir vorsichtshalber in Sicherheit. Am nächsten Morgen war die Gorilla-Mutter von ihrem Kampf mit den Maschen des Netzes, das sie nicht mehr freigab, so erschöpft, daß sie sich in ihr Schicksal zu fügen schien. Oder war es die große Trauer, die sie auf einmal packte, in der Ahnung, aus dem Gefühl heraus, ihren Gatten und ihr Kind verloren zu haben?
Der Belgier meinte immer, ich legte zuviel Sentimentalität in die Tierseelen hinein. Ich denke nun einmal anders als er, der kaltblütige Jäger, der sonst nur ausgezogen war, um seine Beute abzuschießen, zu töten, zu morden.
Wenn ich von Gorillas und Orangs und Schimpansen so menschlich denke, dann nicht zuletzt auf Grund meiner Begegnung mit Juan de Berrie. Er war der seltsamste Mensch, dem ich je auf dieser Erde begegnet bin. Ich glaube, er war der einzige Europäer, der drei Jahre hindurch unter Urwaldtieren lebte, der mit einem Gorilla als Spielgefährten aufwuchs und mir eines Tages erzählte, wie er unter Gorillas lebte, mit ihnen Freundschaft schloß, von ihnen wie ihresgleichen aufgenommen wurde – als der weiße Gorilla unter den anderen.

Als ich unter Gorillas lebte

Ich traf ihn, als er nach drei erlebnisreichen Jahren im afrikanischen Kongo wieder in die Zivilisation zurückkehrte. Vorher war ich ihm nur ein einziges Mal kurz begegnet und gestehe, daß ich ihn nicht wiedererkannte. Seine Haare hatten sich verändert, waren härter und strähniger geworden. Ich hatte den Eindruck, daß sich auf seiner Stirn über seinen Augen dicke Wülste gebildet hatten. Die Jochbogen über seinen Wangen hatten sich

Gorilla

gehoben, und als ich sein Profil näher betrachtete, glaubte ich erkennen zu können, daß sein Kiefer breiter geworden sei. Aber vielleicht war alles nur Einbildung. Gewiß trog mich mein Gedächtnis. Meine Suggestion spielte mir einen Streich, weil ich wußte, daß er viele Monate unter Gorillas gelebt hatte.

Um das Abenteuer des Juan de Berrie zu verstehen, muß ich seine Lebensgeschichte kurz erzählen. Sein Vater war spanischer Konsul auf Malta, als Juan zur Welt kam. Seine Liebe zu Tieren erwachte in dem Augenblick, als im Hafen von La Valetta ein Matrose ihm einen kleinen Braunbären schenkte. Und Juan kannte von diesem Augenblick an keine andere Sorge mehr, als dieses Tier großzuziehen. Seinen Eltern wagte er von diesem kleinen Braunbären nichts zu erzählen. Auch hatte er keine Flasche mit einem Schnuller. Da kam ihm der Gedanke, die Milch, die er sich selbst am Mund absparte, einfach über seinen Fuß hinunterlaufen zu lassen, so daß das Bärenbaby an seinen Zehen die Milch absaugen konnte.

Juan hatte den kleinen Bären in einem Stall verborgen, der zum Landsitz des Konsuls gehörte. Die Freundschaft zwischen dem Kind und dem Bären wurde immer inniger. Eines Tages, als der vierbeinige Spielgefährte sich zu einem mächtigen Koloß entwickelt hatte, nahm er Juan auf seinen breiten Rücken und trug ihn davon. Fünf Tage lebte Juan mit dem Bären im Wald. Die Polizei, die Armee war mobilisiert worden, um Juan zu suchen. Als man ihn schließlich fand, glaubte man, der Bär habe das Kind entführt, und tötete den Bären.

Juan wurde krank und lag mit einem schweren Nervenfieber viele Tage im Hospital von La Valetta. Er sagte mir selbst, daß dieses erste Tiererlebnis sich nicht mehr aus seiner Vorstellungswelt habe auslöschen lassen.

Ihn faszinierten vor allen Dingen die Menschenaffen, weil in ihm der Gedanke wach geworden war, daß in der Seele eines jeden Lebewesens, in der Seele eines jeden Tieres Regungen wach seien, die den Erlebnissen einer Menschenseele entsprächen. Er kam auf den phantastischen

Gedanken, die Gorillas da aufzusuchen, wo sie in ihrer ursprünglichen Natürlichkeit lebten. Seinem Vater hatte er weisgemacht, daß er sich für die spanische Marine habe anwerben lassen. Er wolle später Seeoffizier werden. In Wirklichkeit bestach er einen Kapitän, ihn an der westafrikanischen Küste an einer Stelle auszusetzen, von der der Kapitän behauptete, von dort aus sei der Weg in den Kongo hinein nicht allzu schwierig. Er nahm nichts mit als einen Strick und ein Messer. Hätte mir das ein anderer erzählt, würde ich ihm kein Wort geglaubt haben. Aber Juan de Berrie war ein großer und starker Mensch, ungeheuer muskulös, von einer außerordentlichen Gewandtheit und blitzartigen Reaktionen, wie ich sie nur selten bei Menschen beobachtet habe.

Als er mir von seinen Abenteuern erzählte, ging er mit ein paar Worten über seine ersten Erlebnisse hinweg. Schlangen und Krokodile, Leoparden und giftige Insekten kreuzten seinen Weg. Er litt unter Hunger und Durst. Aber die Gorillas traf er nicht.

Eine große Mamba, die ihn im Schlaf überfiel, verscheuchte er durch eintöniges Summen mit dem Mund. Beim Erwachen war ihm eingefallen, in einem Indianerbuch gelesen zu haben, daß man die Klapperschlange auf diese Weise verscheuchen könnte. Und was bei den Klapperschlangen galt, das erprobte er bei der Mamba, deren Gift tödlich ist; man erliegt innerhalb von zwanzig Minuten.

Ich war ungeduldig, ich wollte das Erlebnis mit den Gorillas aus seinem Munde hören. Man hatte mir Andeutungen gemacht, man hatte hinter seinem Rücken gelacht, ihn einen Münchhausen, einen Lügner genannt. Ich maßte mir an, beurteilen zu können, ob Juan de Berrie mir ein Gorilla-Latein aus dem Kongo aufzubinden versuchte oder die Wahrheit sprach.

Und Juan sagte die Wahrheit: »Ich war genau vier Monate unterwegs und hatte mich zu einem Waldläufer entwickelt, der praktisch nur noch von dem lebte, was der Urwald ihm schenkte. Vielleicht war das für mich die richtige Vorschule. Gewiß hätte ich das, was dann kam, niemals überstanden, wenn ich nicht durch diese Entbehrungen hindurchgegangen wäre, wenn mein Körper sich nicht dem angepaßt hätte, was die Natur dann von ihm verlangte.

Es war nachmittags kurz vor der Stunde, in der plötzlich im Urwald die Nacht hereinbricht. Eben glaubt man noch den hellen Sonnenschein im hohen grünen Dom und hier und da einen grellen Strahl als Zeichen des Tages wahrnehmen zu können, plötzlich ist es für ein paar Minuten halbdunkel, und die Nacht ist hereingebrochen.

Da kam mir ein gewaltiger Gorilla entgegen. Es handelte sich um ein schweres, altes Tier, das an einem Stock durch den Busch wanderte. Es war alles so menschlich in seinen Bewegungen, in seinem Seufzen, in der Art und Weise und in der Mühe, mit der er sich weiterschleppte. Ich ging ihm nach. Er schien mich nicht zu wittern und suchte ein Versteck auf. Ich folgte ihm. Im Nu stand ich in einer großen Schlucht, die sich vor mir ausbreitete und in welcher sieben junge Gorillas ein tolles Spiel trieben.

Sie rauften miteinander, warfen sich gegenseitig von den Bäumen und den Felsen. Sie gingen mit mächtigen Holzprügeln aufeinander los.

Mit einemmal hielten sie inne. Einer hatte mich gesehen. Aus seinem breiten Mund kam nur ein ganz feiner Laut, und sofort schauten sich alle nach mir um. Sie waren überrascht und starrten mich an, indem sie für ein paar Sekunden schnatterten. Da kam der große Gorilla zurück, dem ich vorhin gefolgt war. In diesem Augenblick wußte ich schon, daß sie über vielfältige Laute verfügten, die außerordentlich melodisch zu sein schienen, eine Tonmalerei im Vergleich mit der Lautfolge in unserer Sprache.

Der alte Gorilla betrachtete mich mit gutmütigen, alten Augen und kam langsam auf mich zu. Er stieß einen langgezogenen Laut aus. Mir kam der Gedanke, ihn nachzuahmen, so gut ich konnte. Offenbar gelang es mir. Der Koloß kam immer näher. Als ich ruhig stehenblieb, betastete er mich. Mir blieb keine andere Wahl, als diese Prüfung über mich ergehen zu lassen; denn wenn ich mich jetzt rührte, wenn ich jetzt zu fliehen versuchte, dann wäre mir die ganze Meute nachgesetzt. Es wäre ein Spiel von Sekunden gewesen, mich zu fangen und zu zerfetzen. Ich spürte seinen heißen Atem, als er meinen Arm nahm und daran ganz sacht seine Zähne versuchte. Ich aber rührte mich noch immer nicht.

Anscheinend hatte ich die Prüfung gut bestanden. Der Alte brummte etwas und wandte sich den Jungen zu. Diese hüpften um mich herum und schienen erfreut zu sein, einen neuen Spielgefährten gefunden zu haben.

Der alte Gorilla blieb in der Nähe. Offenbar traute er den wilden Sprößlingen seiner Familie nicht allzuviel Zartheit zu. Er wich nicht mehr von meiner Seite. So half er mir beim Erklettern der Bäume und drängte mich, mit ihm auf Nahrungssuche zu gehen. Manchmal schob er mir Insekten in den Mund, die ich sonst wohl niemals über die Lippen gebracht hätte. Dennoch aß ich sie mit Todesverachtung, weil ich immer wieder glaubte, der Alte würde mich auf die Probe stellen. Wir schliefen auf mittelhohen Bäumen, auf Baumgabeln, wo fast täglich das Lager aus Laub und Ästen aufs neue zurecht gemacht wurde. Der Alte bewachte meinen Schlaf; er schien mich zu lieben. Eines Nachts erwachte ich, als er eine Schlange abwürgte, die sich wohl an mich herangeschlichen hatte. Nach geraumer Zeit wurden die anderen Gorillas auf mich eifersüchtig. Es gefiel ihnen nicht, daß der Alte durch mich, dieses weiße Geschöpf, ganz beansprucht wurde.

Mir waren inzwischen die Haupt- und Barthaare lang gewachsen. Um mich nicht allzusehr von den übrigen Gorillas zu unterscheiden, hatte ich mir mit dem Saft einer nußähnlichen Pflanze das Gesicht dunkel gefärbt, so daß ich mich kaum von ihnen unterschied. Aber ich merkte, daß die anderen Tiere sich von uns beiden mehr und mehr absetzten, und eines Morgens war ich mit meinem alten Gorilla ganz allein.

Gelegentlich konnte ich Gorillas kennenlernen, die von so gewaltiger Größe waren, daß die wuchtige Gestalt des King Kong, die der Schriftsteller H. G. Wells erdachte, mir nicht mehr als ein unheimlicher Riese einer versunkenen Welt erschien. Sie zogen an mir vorüber, zweieinhalb Meter große und sechs bis sieben Zentner schwere Giganten, ein einziges Bündel von Muskeln und Sehnen. Sie rissen Bäume auseinander, als seien sie aus Papier; sie schlugen sich mit Leoparden und zerbissen ihnen das Genick. Ich verstand ihre Sprache, kannte ihre Warnlaute, ihre Jubelrufe, ihr verliebtes Geschnatter und ihr Gezeter, wenn die Gorillaweibchen mit ihren Männchen schimpften. Immer wieder drängten sich mir die Vergleiche mit der großen Welt der Menschen auf. Alles Leid, alle Laster, alle Sünden: Eifersucht und Untreue, naive Koketterie und zarter Flirt – alles gab es auch bei den Gorillas.

Ich weiß nicht, ob ich dieses Abenteuer jemals aufgegeben hätte – oder vielleicht erst nach vielen Jahren, wenn nicht mein Erlebnis im Kongo ein tragisches Ende gefunden hätte.

Als ich mit meinem alten Gorilla unterwegs war, wurde er plötzlich unruhig, schaute um sich, wie er es meist nur tat, wenn Giftschlangen in der Nähe waren. Ich hielt Ausschau nach rechts und links, ohne etwas zu sehen. Er aber pochte gegen seine mächtige Brust, und ich fragte mich, was wohl mit ihm sei.

Unverhofft fielen in rascher Folge drei Schüsse. Mein Gorilla brüllte; es war Wut, Haß und Schmerz zugleich. Man schoß noch dreimal – irgendwoher aus den Bäumen. Der alte Gorilla drehte sich im Kreise, griff nach den Ästen in der Richtung, aus der die Schüsse kamen, und sank dann plötzlich in sich zusammen. Ich hielt ihn fest, nahm seinen Kopf in meine Arme, und streichelte sein erbleichendes Antlitz. Ein letzter Blick aus seinen brechenden Augen sollte mir wohl ein Abschiedsgruß sein und das Geständnis, daß er in mir einen guten Kameraden gefunden hatte und mich auf dieser Erde gern mochte. Nackt und behaart kniete ich neben meinem sterbenden

Freund. Ich wollte aufstehen und die Männer beschimpfen, die oben in den Bäumen saßen und aus sicherer Höhe ihre Schüsse auf ein wehrloses Tier abgaben. Aber da schossen sie schon wieder. Ein Schuß traf mich ins Bein. Ich brüllte und fand jetzt keine Worte mehr. Konnte man in ein paar Monaten oder in zwei oder drei Jahren das Sprechen verlernen? Plötzlich wurde es um mich her dunkel, und ich kam erst wieder zum Bewußtsein, als man mich wie ein gefangenes Raubtier durch den Busch schleppte.
Man trug mich zu einer Fangstation. Ich verstand, was sie sich einander sagten. Sie meinten, ein berühmtes Zwischenglied zwischen Mensch und Affe gefangen zu haben. ›Das ist das berühmte Missing link, das fehlende Stück im Stammbaum der Entwicklungsgeschichte vom Affen zum Menschen. Das ist eine Weltsensation. Wir werden ihn erst den Universitäten vorführen und nachher an einen Zirkus weiterreichen. Er wird uns ein schönes Stück Geld einbringen!‹
Das hörte ich alles und ließ mit mir alles geschehen – jedenfalls solange, bis wir auf dieser Fangstation waren, die wir eine Stunde später erreichten. Sie sperrten mich in einen Bambuskäfig und überlegten, ob ich wohl die Nahrung annehmen würde, die sie mir reichten. Ich habe nie auf Erden Menschen gesehen, die so überrascht waren, als ich plötzlich zu meinen Wärtern sagte: ›Gentlemen, ich ziehe es vor, diesen Käfig zu verlassen und mit Ihnen zu speisen, und zwar, wenn Sie wollen, mit Messer und Gabel!‹ Man entfärbte mein Gesicht, schnitt mir die Haare, rasierte mir den Bart, schor mir auch die Haare, die mir am ganzen Körper in verschwenderischer Fülle gewachsen waren. Erst dann glaubte man mir, daß ich wirklich ein weißer Mensch sei. Ich konnte aus den Gesichtern der Männer lesen, daß ihnen diese Eröffnung gar nicht in ihre Pläne paßte, die sie schon hinsichtlich des großen Geschäftes mit meiner Person geschmiedet hatten.
Das war mein großes Abenteuer. Nach dem Kalender war ich drei Jahre unterwegs gewesen und hatte über zwei Jahre in Gesellschaft von Gorillas gelebt.

Das liegt nun alles hinter mir. Man hat mich gebeten, ein Buch über meine Erlebnisse zu schreiben; man forderte mich auf, Bänder und Schallplatten zu besprechen, damit man die Sprache der Gorillas auf diese Weise erlernen könnte. Ich habe zunächst zu allem ja und amen gesagt. Doch ich tat nichts von alledem, was man von mir wollte, denn manchmal meine ich, es sei Verrat an meinen Freunden, an meinen Gorillas im Busch, die mich aufnahmen wie einen der ihren. Und wenn ich den Menschen verriete, wie die Gorillas sich untereinander warnen und anlocken, wie sie miteinander flüstern, wenn sie verliebt sind, wie sie um Hilfe rufen, wenn jemand sich in Not befindet – dann würden die Menschen dieses Wissen und diese Schallplatten und Bänder ausnutzen, um eine große Treibjagd auf die Gorillas zu unternehmen – billig und ohne großen Aufwand und bequem durch meinen Verrat.«

Ich traf Juan de Berrie später noch einmal wieder. Er hatte sich plötzlich zum Trinker entwickelt und nicht mehr den Mut, in den Busch zurückzukehren. Er konnte sich mit den Menschen nicht mehr abfinden. Die Welt war ihm fremd geworden.

Was mich am stärksten beeindruckte unter allem, was er mir erzählte, war seine Schilderung der vielen menschlichen, allzu menschlichen Züge, die er bei diesen Lebewesen fand.

Das wurde mir viele Jahre später noch deutlicher und klarer, als ich nach Indonesien reiste und ich dort den Auftrag erhielt, auf die Jagd nach Orang-Utans zu gehen, nach den »Waldmenschen«, wie die Eingeborenen sie dort nennen, zu suchen.

Sie halten ihn für einen Menschen

In Colombo auf Ceylon hatte mich die Nachricht erreicht, daß man mich in Sumatra erwarte. Eine amerikanische Jagdexpedition war mit einem ungeheuren Kostenaufwand zusammengestellt worden, um in das Innere der großen Sunda-Insel vorzudringen. In Fachkreisen weiß man, daß das Innere von Sumatra eine der wildreichsten Zonen der Welt ist. Ich hatte Jahre hindurch mit Leuten auf Sumatra zusammengearbeitet. Eigentlich jedes Schiff, das aus Sumatra kam und in Ceylon anlegte, brachte mir Tiere mit. Ich hatte auf Ceylon, in der Nähe von Colombo, einen großen zoologischen Garten angelegt, in welchem ich die Tiere, die man mir aus Südindien, aus Hinterindien und aus der indonesischen Inselwelt anlieferte, erst einmal sichtete, auf die Lebensfähigkeit prüfte, in der Ernährung umstellte, um dann erst den Weitertransport zu wagen.

Man hatte mir seltsame Elefanten gebracht, Rhinozerosse, wie sie auf der ganzen Welt nicht mehr zu finden sind, die gewaltigsten und stärksten Tiger der Welt, Schwarzpanther von edler Gestalt und einer Sprungfähigkeit, die alles übertraf, was ich sonst sah. Nicht weniger als sieben Affenarten kamen allein aus Sumatra. Putzige Schuppentiere, die immer schlechtgelaunt zu sein schienen, sich aber schnell fügten und anpaßten, sowie Buschschweine und Riesenschlangen waren einige der Wesen, die ich in meinen Durchgangslagern sah, und nun rief man mich nach Sumatra, damit ich dort in Begleitung jener amerikanischen Expedition auf die Jagd ginge – nach Orang-Utans.

Sie sind zweifellos die höchstbezahlten, die wertvollsten Tiere der Welt. Ich habe keine guten Erinnerungen an meine Geschäfte mit Orangs. Man muß wissen, daß die Orangs empfindlich sind in ihrer Seele, anfällig in ihrer Gesundheit, krankhaft empfindlich für alles, was um sie her geschieht, sobald sie in die Gewalt des Menschen geraten sind. Dies alles wußte ich natürlich, als ich nach Sumatra kam, denn ich hatte in Hinterindien, in Ceylon die gleichen feuchten und dunklen Wälder erlebt, in denen der Orang-Utan hauptsächlich auf Bäumen lebt.

Im Gegensatz zum Gorilla hält er sich nur ungern auf dem Boden auf. Er geht immer in einer halb aufrechten Haltung und schwingt sich mit erstaunlicher Gewandtheit von Ast zu Ast, von Baum zu Baum. Das hatte ich bei den Orang-Utans beobachten können, die zu mir nach Ceylon in die Gehege meines Zoos kamen. Es waren meist ganz junge Tiere, die zufällig in die Gewalt von Menschen geraten waren. Wir hatten uns bemüht, sie umzugewöhnen, anzupassen, denn wenn man ein solches Tier in Länder nordischen Klimas bringt, wird es bald krank und erliegt eines Tages einer Lungenentzündung oder einer Tuberkulose.

Eines Tages waren wir auf Sumatra. Die Jagdgesellschaft bestand aus zwölf Männern, größtenteils Zoologen, zum Glück, das heißt zu meiner Freude, Menschen, die nicht ausgezogen waren, um Tiere abzuschießen, sondern in die Geheimnisse der Seele dieser merkwürdigen menschenähnlichen Geschöpfe einzudringen.

Wir waren von der Küste aus, wo heute in zunehmendem Maße große moderne Siedlungen entstehen, auf verschlungenen Wegen in das Innere des Landes eingedrungen. Man hatte uns Führer mit auf den Weg gegeben, die die Sprache der Battaker beherrschten, die Sprache jener Menschen, die zum ältesten Volksstamm der Insel Sumatra gehören. Man warnte uns, den Battakern allzuviel zu vertrauen. Die Indonesier selbst waren es, die diese Warnungen aussprachen. Man erzählte uns von dem merkwürdigen Ahnen- und Dämonenkult, der unter den Battakern auch heute noch gilt. Man berichtete uns aber auch, daß einige unter den Battakern selbst heute noch, da die Polizei nicht alle Fälle aufzudecken vermag, einer seltsamen Form des Kannibalismus huldigen, also der Menschenfresserei. Als ich hörte, daß derartige »Verbrechen« sich nur zu gewissen Zeiten ereigneten, war mir klar, daß es sich um mysteriöse kultische Opfer handelte, denen diese Ureinwohner von Sumatra huldigten.

Es soll auch in der vorgeschichtlichen Vergangenheit Europas, wie aus Höhlenfunden hervorgeht, gewisse Formen des Kannibalismus gegeben haben, erwachsend aus religiösen und abergläubischen Vorstellungen, daß man die Kraft und die Seele des Menschen, von dem man ein Stück verzehre, in sich aufnehmen könne.

Heute gibt es hier und da breite Autostraßen, die in das Innere von Sumatra hineinführen. Damals mußten wir uns aber ziemlich mühsam vorwärtskämpfen. Wir rangen mit einem tropischen Urwald, mit einer Welt, die jedes Jahr aufs neue aus einer Humusschicht des Bodens neu emporwucherte, Pflanze über Pflanze, von den niedrigsten Pflanzengeschöpfen bis zu den hochentwickelten Bäumen.
Wir kämpften uns mit den Buschmessern vorwärts und waren froh, wenn wir es nur mit Kletterpalmen zu tun hatten, denen wir ausweichen konnten. Wir verzagten aber, wenn wir auf Rottang stießen, jene Abart der Kletterpalme, die sich mit langen, zähen, dünnen Gerten, die mit spitzen Widerhaken besetzt sind, vorwärtsfrißt und nicht nur für die Bäume, die der Rottang umschlingt, sondern auch für den Menschen, dessen Haut er ritzt, zu einem gefährlichen und tückischen Feind wird.
Unterwegs stießen wir auf zwei Battaker-Siedlungen. Dort hatten sich uns Männer angeschlossen, die versicherten, daß sie schon früher mit Expeditionen unterwegs gewesen seien. Sie schwuren, daß sie ganz genau wüßten, wo »Waldmenschen« hausten. Die Battaker betrachten den Orang als einen Menschen, als einen Orang-Utan, was wörtlich soviel bedeutet wie »Mensch, der im Walde lebt«.
Sie sprachen vom Orang-Utan wie von sich selbst und anderen Menschen. Sie fanden es auch gar nicht erstaunlich, daß der Orang-Utan keine Häuser baut, sondern lieber auf Bäumen acht bis fünfzehn Meter über dem Boden lebt. Sie meinten, daß zu gewissen Zeiten dieses Dasein auf den Bäumen sicherer sei als dieses elende Erdenleben, das sie selber führten.
Einer der Battaker, der sich mir anschloß, erzählte mir abends eine uralte Legende, die in Sumatra umgeht:
»Der Waldmensch ist hervorgegangen aus einer Verbindung von Affen, die heute nicht mehr leben, und richtigen Menschen wie du und ich. Der Waldmensch, der Orang-Utan, weiß und versteht alles wie wir Menschen; er ver-

mag auch zu reden, er kann sprechen, wenn er nur will!«
Ich ahnte nicht, wie bald mir der tiefe Sinn dieser Legende und der Schilderung dieses einfachen Menschen, dieses Battakers, nahe, allzu nahe an die Seele gehen sollte.

Jagd mit dem Blasrohr

Wir waren an diesem Morgen schon vier Stunden unterwegs. Es war nicht leicht gewesen, uns durch den Urwald vorwärts zu kämpfen. Es lag wohl ein Gewitter in der Luft. Ich spürte die Schmarotzer, die Moskitos, die Patjetz, wie sie sich in meine Kleider hineinschlichen.
Es handelt sich um winzige, streichholzartige Blutegel, von denen der Urwald auf Sumatra förmlich wimmelt. Sie sind überall, im Gras, unter den Blättern, in den Zweigen. Ehe man sich versieht, sitzen sie auf den Kleidern, auf den Schuhen, und irgendwann und irgendwie finden sie immer einen Zugang zur Haut. Sie sind in der Lage, sich so dünn zu machen wie ein Faden, sie kriechen durch die Schnürlöcher der Stiefel und schleichen durch die Maschen der Strümpfe.
Wenn sie einmal die Haut erreicht haben, dann geben sie nicht eher Ruhe, als bis sie ihrem neuen Wirt Blut ausgesogen haben und aufgequollen sind bis zur Gestalt einer Kugel.
Ich hatte mich mit Senföl eingerieben, so daß mir während einer Stunde die Augen tränten. Diesen Geruch mögen die Patjetz nicht. Aber hier und da spürte ich plötzlich den leise prickelnden Schmerz, der mir verriet, daß ein paar der unerwünschten Gäste doch den Weg bis zu mir gefunden hatten.
Als ich abends Inventur machte, zählte ich ihrer vierzehn. Ich war noch gut davongekommen. Aber für mich war in dem Augenblick, als sie mich anfielen, noch nicht Abend.
Geheimnisvolle Orchideen schlugen mir ins Gesicht, die auf fauligen Bäumen gewachsen waren.
Dann und wann rief ich unseren Battaker an, wo die

Orang-Utans seien, die er uns versprochen hatte. Er wandte sich um und legte den Finger auf den Mund. Wieder einmal wollte ich ihn anrufen, da hörte ich in den sehr hohen Bäumen über mir das knackende Geräusch von abbrechenden Ästen. Ich stutzte und sah einen gewaltigen, rotbraunen, zottigen Arm, der hier und da nach Laub und nach Ästen griff und mit raschem Ruck zusammenraffte, was er brauchte, um hoch droben auf einer Astgabel seine Schlafstelle herzurichten. Er rüstete zeitig für die Nacht – dieser Orang-Utan, dem wir nun begegnet waren.

Bald wußte ich weshalb. Es war eine Affenmutter mit einem Baby. Sie grunzte und brummte; sie mußte sich wohl über irgend etwas ärgern. Ich erinnerte mich an unseren Auftrag. Wir sollten Orang-Utans einbringen, soviel wir könnten. Wir wußten, daß der Weltmarktpreis niemals höher stand als in diesen Tagen. Man hatte uns angedeutet, daß man erfreut sei, große Orangs von uns zu bekommen, aber kleine Tiere würden auch genommen. Ich erinnerte mich an mein Abenteuer mit der Gorilla-Mama in Afrika. Mir war damals ein Gedanke gekommen, der mich nicht mehr losließ, ein Gedanke, den ich verwirklichen wollte. Ich hatte irgendwo gelesen, daß es möglich sei, Tiere eine Zeitlang mit Puppen zu täuschen. So führte ich wohl das seltsamste Gepäckstück bei mir, das man sich denken kann: einen kleinen wunderschönen Spielaffen, ein Stofftier, großartig hergerichtet, vielleicht für den Diwan eines Filmstars gedacht. Man hatte beim Zoll den Kopf geschüttelt, als man in meinem Gepäck den kleinen Affen entdeckte, aber den Verwendungszweck nannte ich nicht.

Als ich den Orang-Utan hoch im Baume sah – und das winzige zarte Wesen entdeckte, das sich an der Seite seiner Affenmutter anklammerte, da überlegte ich's mir, wie ich es einrichten könnte, um dieser Affenmutter anstelle des Jungen, das sie hegte und pflegte, dieses andere, künstliche Baby unterzuschieben. Denn nur so war es möglich, meinen Plan, der gewissermaßen ein Experiment war,

das die Wissenschaftler interessieren würde, zu verwirklichen.
Ich hatte Zeichen gegeben, ganz ruhig zu bleiben, damit wir die Orang-Utan-Mutter nicht störten, nicht beunruhigten. Aber ihr Brummen, Schimpfen und Gezeter hatte eine andere Ursache.
Rechts und links von der Stelle, wo sie ihr Nest baute, sah ich schwarze Teufel aufkreuzen – die Siamang-Affen, die den Gibbons sehr ähnlich sehen, einen Meter groß werden, sich am Boden nur schlecht vorwärtsbewegen können, aber auf den Bäumen als Springer Unvergleichliches leisten.
Diese Orangmutter war wohl in das Jagdrevier, in den Herrschaftsbereich einer Sippe von Siamang-Affen hineingeraten, ohne es zu wissen, ohne es zu ahnen. Meist greifen andere Tiere den Orang-Utan nicht an, sondern geben ihm den Weg frei und nehmen ihr Reich erst wieder in Besitz, wenn der Orang-Utan weitergezogen ist.
Aber in diesem Falle hatte ein alter Siamang-Häuptling, der größte Affe dieser Art, den ich je sah, offenbar den Angriff auf sein Reich als schwere Beleidigung aufgenommen. Offenbar hatte er sich zum Ziel gesetzt, diesen Orang-Utan so lange zu ärgern und zu beunruhigen, bis er das Weite suchte. Ein Siamang ist in der Lage, von einem Baumwipfel zum anderen über zehn oder zwölf Meter zu springen.
Die Siamangs haben einen breiten Kehlsack, der wie ein Resonanzboden ihre Stimme verstärkt, und wenn sie zu singen oder zu schimpfen beginnen, hallt der Urwald wider, als sei man in eine Urwaldfabrik, voll mit heulenden Kreissägen, geraten.
Die Orang-Mama begann ein wüstes Geschimpfe in Richtung des schwarzen Riesen, der vor ihr hin und her hüpfte und genau wußte, daß die Orang-Mama niemals schnell genug sei, ihm nachzusetzen, ihn zu verfolgen. Außerdem konnte er gewiß sein, daß seine ganze Sippe sich auf den Orang-Utan stürzen würde, wenn es diesem gelingen sollte, ihn zu fassen.

Es war ein hastiges Hin und Her. Meine Battaker huschten aus den Verstecken, in denen wir dieses Treiben beobachteten, hervor und steckten merkwürdige Rohre aneinander. Es waren Bambusstücke, die sorgfältig geglättet, genau ineinanderpassend so zusammengefügt wurden, daß schließlich ein Blasrohr von zwei Meter Länge daraus wurde.
Sie hatten in einem Köcher dreißig Zentimeter lange Pfeile, die so dünn waren wie eine Stricknadel, so daß man kaum begreift, daß sie nicht vom Windhauch abgetrieben werden und die Richtung verlieren.
An der Unterseite eines solchen Pfeiles saß ein Baumwollpfropfen. Durch ihn wurde die Berührung mit der Innenwand des Blasrohres hergestellt. Die Battaker gingen in peinlicher Vorsicht mit ihren Pfeilen um, und ich erinnerte mich an das, was mir am Vorabend ein Mischling erzählt hatte, als er mich davor warnte, mich mit den Battakern anzulegen.
»Sie kochen ein Gift aus der Wurzel des Upas-Baumes, aus rotem Pfeffer, aus der Wurzel des Ingwers, aus dem Saft einer bestimmten Sumpfpflanze und aus den Blättern einer bestimmten Orchidee, die nur die Battaker kennen!«
Wie die Schlangen krochen sie im Unterholz vorwärts, bis sie von unten her auf fünfundzwanzig Meter Entfernung an die Stelle herangekommen waren, wo der Siamang-Affe wie ein Varieté-Künstler von einem Ast zum anderen sprang, als wollte er dem Orang-Utan ein Schauspiel bieten.
Sie setzten an und bliesen ihre Pfeile fast zur gleichen Zeit ab. Ich sah auf einmal, wie der schwarze Siamang-Affe an einem der Äste hängenblieb, als werde er nachdenklich. Er zögerte, bevor er den nächsten Sprung wagte. Die Orang-Utan-Mutter war aufmerksam geworden; denn sie schien nur auf einen Augenblick der Ruhe oder der Schwäche ihres ärgerlichen Gegners zu warten.
Wie benommen saß der schwarze Siamang auf seinem Ast und hielt sich mit drei Händen fest, während er mit seiner rechten Hand über das Gesicht fuhr.

Aber seine Begleiter, etwa fünfzig Affen seiner Art, verstanden nicht, weshalb das lustige Spiel auf einmal zu Ende sein sollte. Sie waren offenbar entschlossen, seine Rolle zu übernehmen, aber sie waren nicht so stark und so geschickt wie er, denn nur der alte, der große Siamang schien der Orang-Utan-Mutter ein würdiger Gegner zu sein. Sie arbeitete sich an ihn heran, schüttelte an dem Ast, auf dem er saß. Wir sahen jetzt ihr wutverzerrtes Gesicht, das Fletschen ihrer Zähne. Wir hörten die gurgelnden Laute, die sie ausstieß, die ganz anders waren als das dumpfe Geschimpfe, das sie vorher geäußert hatte.
Alles, was dann kam, geschah blitzschnell. Sie griff nach dem schwarzen Siamang, der offenbar durch einen Schleier halber Bewußtlosigkeit die Gefahr witterte. Jetzt hing er mit einem Arm an der Spitze des Astes und schwang sich nach einem anderen Ast, den er zuerst mit seinem rechten Fuß umklammerte. Mir war, als turne ein Affe in Zeitlupen-Tempo. Die Orang-Utan-Frau fühlte, daß etwas nicht stimmte. Aber jetzt wollte sie sich ihren Gegner nicht nehmen lassen; sie stieg ihm nach. Es war ein merkwürdiges Turnen, von Ast zu Ast, immer schwächer seitens des Siamangs.
Da kam mir plötzlich der klügste Gedanke dieses Tages. Ich riß aus meinem Gepäck meinen kleinen ausgestopften Affen und maß den Baum mit den Augen. Das Kleine hatte sich von der Seite der Orangmutter fallen lassen und war wohl oben auf der Baumgabel.
Wenn ich die Schlingpflanzen benutzte, mich an den Lianen hochwand, dann mußte ich es schaffen. Ich überlegte die Zeit, die ich brauchte, um dort hinauf zu gelangen.
Jetzt kümmerte ich mich nicht mehr um die Auseinandersetzung zwischen dem Orang-Utan und dem Siamang. Die Battaker hatten sich durch das Unterholz vorgearbeitet. Ich ahnte ihre Absicht, da sie das Fleisch des Siamangs für ihr Leben gern essen. Sie warteten auf den Augenblick, in welchem das Gift ihrer Pfeile seine Wirkung tat und der Siamang vom Ast viel. Dann wollten sie

ihn blitzschnell an sich reißen und mit ihrer Beute davonlaufen.
Es war mir bekannt, daß sie gegen den Orang-Utan niemals ihre Blasrohre und ihre Giftpfeile richten würden. Die Menschenähnlichkeit des Orang-Utans flößt ihnen eine heilige Scheu ein und verbietet es ihnen, ihn zu töten.
Ich kletterte, so schnell ich konnte, den Baum empor. Es war ein mächtiger Baumriese von gut zwei Meter Durchmesser. Meine Überlegung stellte sich als richtig heraus. Das Orangbaby saß im Laubnest und lugte vorsichtig über den Rand dieser Wohnung, die die fürsorgliche Mama beiden für die nächste Nacht gebaut hatte.
Es stieß nicht einmal einen Schrei aus, als ich es von rückwärts nahm und ihm das Hemd, das ich blitzschnell ausgezogen hatte, um den Kopf legte.
Dann legte ich an die Stelle, wo eben das Baby war, meinen ausgestopften Affen.
Unten hatte die Orangmutter mit viel Geschrei und wütendem Gebrüll nach ihrem Gegner im Unterholz gesucht, der so plötzlich entkommen war. Sie schickte sich an, den Baum wieder zu ersteigen, als ich schon längst bei meinen Leuten, bei meiner Karawane angekommen war. Die Battaker glaubten ihren Augen nicht zu trauen, als sie das Orangbaby sahen, das ich in mein Hemd gehüllt trug. Sie mahnten zum eiligen Aufbruch. Ich verstand ihre Angst. Sie fürchteten, daß der Waldmensch nach den Räubern seines Kindes Ausschau halten könnte. Sie fürchteten Verfolgung und Rache. Aber vorläufig geschah gar nichts. Die Orang-Mama war im Baum weitergeklettert. Wir sahen, wie sie die eben unterbrochene Arbeit fortsetzte und fleißig Äste pflückte, und machten uns schleunigst aus dem Staub. Ich ahnte, welche Tragödie sich gleich dort oben abspielen würde. Aber ich glaubte, daß dieser Weg der bessere und der menschlichere war, an ein Orangbaby zu kommen, verglichen mit den Kämpfen und den Bemühungen damals, als wir das Gorillajunge für uns erbeuten wollten. Wir waren eine gute Stunde unterwegs, als wir den Urwald buchstäblich

widerhallen hörten von den Klagen der Orangmutter, die plötzlich wohl entdeckt hatte, daß das kleine Wesen in ihrem Nest nicht lebte, nicht ihr Kind war – sondern nur ein tragischer Ersatz, den tückische Menschen ihr untergeschoben hatten.

Ich saß dabei, als die Battaker abends ihren Affen brieten. Das Gift, das sie ihm beibrachten und das ihn lähmte und ihm den Tod brachte, schien ihnen nichts anzuhaben.

Mich interessierte mein kleiner Orang. Er schien wie verzweifelt zu sein und hatte furchtbare Angst vor den vielen Menschen, die um ihn her waren. Er wimmerte, er schrie, er schlug die Arme über seinem Kopf zusammen und stützte seine Stirn auf den Boden – das stärkste Zeichen der Trauer, das ein Affe an den Tag legen kann.

Inzwischen hatte ich einen der vier Malaien, mit denen wir unterwegs waren, zum Pfleger für mein Baby ausersehen. Er war begeistert von der Ehre, einen Waldmenschen aufziehen zu dürfen, und ging den richtigen Weg, indem er sich in ein kleines Laubzelt absonderte, in welchem er mit dem Orangbaby ganz allein war. Dann nahm er das Orangbaby in seinen Arm. Es biß nach ihm mit kleinen, aber schon sehr scharfen Zähnen, und es wurde erst ruhiger, als es die Körperwärme spürte, die das kleine Wesen wohl an die verschwundene Mama erinnerte.

Als erste Mahlzeit hatte er Früchte hingelegt – und eine kleine Schale mit Milch. Beides rückte er immer näher. Plötzlich konnte das Orangbaby nicht mehr widerstehen, schlürfte die Milch und griff nach der Frucht.

Drei Tage später war das Orangbaby von dem Pfleger nicht mehr zu trennen, es bettelte, es schrie, es flehte, wenn es nicht auf dem Arm des Malaien sein konnte, und wollte immer herumgetragen werden.

Wir hatten in den nächsten Tagen ein paar kleine Java-Affen gefangen, possierliche Tierchen, auch noch sehr jung, lebendig, zu tausend Streichen aufgelegt, wirkliche Kobolde. Sie hatten nichts anderes im Sinn, als sich zu vergnügen und andere zu ärgern. Aber unser Orangbaby

war ganz anders. Es sah den Spielenden zu und saß stumm dabei, melancholisch, nachdenklich, als fühle es in seiner Seele gar keine Verwandtschaft mit diesen anderen Wesen, die wir zu seiner Gattung rechnen und die doch eine ganz andere Art verkörpern.
Deshalb war es glücklich und froh, wenn der Malaie wieder da war. Es schmiegte sich an ihn und mußte wohl die ferne Mama, der ich ein ausgestopftes Affenbaby untergeschoben hatte, ganz vergessen haben.
Zehn Tage später hatten wir die Beute beisammen, die wir brauchten. Es war uns gelungen, eine Orang-Utan-Familie aufzutun, sie mit ein paar Raketen, die wir in die Bäume schossen, auseinanderzujagen und drei halberwachsene Orang-Utans mit unseren Netzen zu fangen.
Die Battaker drängten zum Aufbruch, als wir insgesamt vier Orangs und viele kleine Java-Affen und anderes Getier als Beute in unserem Lager zählten. Der Battaker, der zu mir Vertrauen gewonnen hatte, von dem ich auch die seltsame Legende von der Entstehung der Orang-Utans erfuhr, erzählte mir nachts mit einer heiseren Flüsterstimme:
»Wir dürfen hier nicht länger bleiben. Die Waldmenschen haben sich gegen uns verschworen. Sie wissen jetzt, wer wir sind, wo wir sind. Die drei, die wir in den letzten Tagen fingen, haben ihnen die Nachricht zugeschrien in ihrer Sprache. Und wenn wir jetzt nicht fliehen, dann ist alles verloren!«
Ich war zufrieden, das Jagdglück war uns hold gewesen. Nun kam es für mich darauf an, die drei halberwachsenen Orang-Utans, vor allem aber mein Baby, über die Kinderkrankheiten hinwegzubringen, unter denen die menschenähnlichen Affen genauso leiden wie unsere Kinder.
Bei dieser Gelegenheit muß ich eine merkwürdige Feststellung bestätigen, die mir Dr. R. W. Porter von der kalifornischen Universität in Los Angeles einmal anvertraute.
»Diese menschenähnlichen Affen denken nicht nur wie wir, sie leiden auch unter dem gleichen Streß, unter den

gleichen seelischen Belastungen, die die Menschen krank machen, wenn bei uns die Börsenkurse stürzen, die Gläubiger drohen oder Menschen sich sonstwie ärgern. Dann stehen diese Affen unter einer Spannung, unter einem Streß, der zur Entwicklung von Magengeschwüren führt, zu einer Veränderung des Cholesterin-Spiegels im Blut und zu einer Beschleunigung der Verkalkungsvorgänge in ihrem Organismus. Wenn Tiere, vor allem aber menschenähnliche Affen, in Gefangenschaft geraten, leiden sie an dem gleichen Streß, an den Folgeerscheinungen, die aus einer Überbelastung der Seele erwachsen, an der auch der Mensch erkrankt.«

Als einer der drei Orang-Utans viele Wochen später einging und wir den Kadaver obduzierten, um die Todesursache festzustellen, da ergab sich, daß er an einem Magenbluten zugrunde gegangen war. Es war ein Magengeschwür, das sich geöffnet hatte und ihm dadurch den Tod brachte.

So menschenähnlich sind die Orang-Utans, daß sie wie wir sogar vom Seelenkummer mit allen Folgeerscheinungen bedrückt werden und an Leiden zugrunde gehen, die wir dem Fortschritt unserer Zivilisation und der Aufwärtsentwicklung der Menschheit zuschreiben.

Mein Liebling war ein Riesenhai

Man nennt ihn den König der Meere. Er hält alle Rekorde der Geschwindigkeit und schwimmt mehr als siebzig Kilometer in der Stunde. Man kennt ihn groß, man kennt ihn klein. Es gibt Haie, die zu Giganten heranwachsen, und andere, die wie Spielzeuge aussehen. Der Hai ist das Lebewesen, das buchstäblich bis zur letzten Faser verwertet werden kann: Aus der Haut des Hais gerbt man heute Leder, aus dem Skelett macht man Schnitzereien. Die Innenorgane werden in der ostasiatischen Medizin verwertet. Die Haifischflossen zerreißt man in feine Fäden, die dann getrocknet und eingeweicht eines Tages eine Suppe ergeben, die im Mittelpunkt der chinesischen Speisezettel steht. Das alles weiß man vom Hai, um den sich ein ganzer Kreis von Legenden rankt. Die Legenden, die niemand glaubt, werden dann über Nacht plötzlich Wirklichkeit, grauenvolle, tragische Realität, wenn irgendwo im Roten Meer ein Boot mit Pilgern, die nach Mekka unterwegs waren, kentert und von 45 Passagieren nur drei mit dem Leben davonkommen, weil die anderen von den Haien zerrissen wurden. Haie für zoologische Gärten – sind Neuheiten auf dem Markt der Zoologie. Die Einrichtungen, die Anlagen, deren man bedarf, um die Haie am Leben zu erhalten, sind vorläufig noch zu kostspielig, und für die Tierfänger ist es ein gefährliches, ein geradezu verwegenes Unterfangen, Haie lebendig einzubringen. Und doch wird es immer wieder versucht. Ich berichte hier von einem Abenteuer zwischen Leben und Tod auf der Jagd nach einem Riesenhai, den ich schließlich – zu meinem Freunde machte!

Das Meer ist so grün wie eine Wiese. Aus der Tiefe scheint ein Wald von Algen emporzuwuchern. Die Wellenkämme in der Ferne sind wie weiße Schäfchen, die unruhig springen. Die grüne Farbe ist so ungewöhnlich in diesen Breiten, denn das Sargasso-Meer liegt längst hinter uns.
Es wird bald Nacht sein. Der portugiesisch-spanische Kapitän Filippo di Castello, der auf diesem elenden Frachter wie ein König regiert, legt die Hände rechts und links neben die Augen, um seine Sicht gegen die grelle Abendsonne zu schützen. Er hält Ausschau nach einer Insel, von der es geheißen hatte, sie sehe aus wie die Nase eines Riesen, der Schnupfen hat.
»Da gibt es die schönen großen Wal-Haie; sie sind zahm wie Haustiere, man kann mit ihnen Freundschaft schließen, sie gehen in die Netze wie die Schafe. In ein paar Stunden ist unsere ganze Arbeit getan!«
Er freute sich auf das große Geschäft. Drüben in Miami Beach hat man ein neues Riesenaquarium gebaut, und für dieses Aquarium wollte man ein paar junge Haie. Dieser mächtige Fischtümpel sollte groß und rund gebaut werden, fast wie eine Halbkugel. Man plante, ihn mitten in ein großes Restaurant hineinzusetzen, so daß die Gäste bei bunter Beleuchtung das großartige Schauspiel vor sich hätten, wie die gefährlichsten Geschöpfe des Meeres ruhelos, ohne zu schlafen, in ewiger Bewegung ihre Kreise ziehen.
Ich hatte einmal einen solchen Hai in Sydney gesehen. Er war bei einem Seebeben hoch auf den Strand geworfen worden. Man hielt ihn für tot. Aber jemand warf ihn in einen Tümpel, und dort wurde er wieder wach mit der ungeheuren Zähigkeit, die das Leben der Haie noch härter macht als das der Katzen und der Ratten.
Man hatte mir damals in Sydney erzählt, daß dieser Hai nun schon im vierten Jahr ununterbrochen seine Kreise ziehe, Tag und Nacht, Sommer und Winter, morgens und abends, ohne eine Pause, ohne zu schlafen, immer auf der Suche nach einem Ausweg aus seinem runden Bassin, von dem er nicht begreifen konnte, daß es kein Ende hat. Und

nun wollten sie in Miami Beach den Gästen also ein ähnliches Schauspiel bieten.
Wir hatten Netze aus feinstem Nylon knüpfen lassen – über hundert Meter lang, dreißig Meter breit und mit Nylon- und Stahltrossen abgesichert.
Der Koch, der an Deck neben uns stand und der von Haien alles zu wissen glaubte, meinte über die Schulter: »Diese Haie sind ganz ungefährlich. Man muß nur mit ihnen umzugehen wissen. Wenn sie angreifen und man ihnen einen Schlag auf die Nase gibt, dann huschen sie davon. Sie sind feige! Und alles, was man sonst von ihrem Mut erzählt, ist Lüge!«
»Cookie, ich biete dir fünfzig Dollar, wenn du nachher dem ersten, dem wir begegnen, einen Nasenstüber gibst. Wir leihen dir alles: Tauchgeräte, einen Helm, wir bewilligen dir sogar einen Schwimmgürtel. Fünfzig Dollar sind ausgeschrieben!«
Er sagte, daß er es eilig und in der Küche zu tun habe und man unmöglich auf diese Weise Tatsachen, die jeder erfahrene Seemann wisse, unter Beweis stellen könne.
Wir heulten ihm nach, daß nicht der Hai, sondern er der Feigling sei.

Die Heldentat des Paul Brokensha

Freilich gibt es etwa zwei Dutzend Arten und Sorten von Haien, die einen groß und die anderen klein, die einen dunkel und die anderen hell; die einen haben einen schmalen Schwanz und die anderen eine Schnauze, als hätte man sie platt gedrückt.
Man hatte mir vom Wal-Hai berichtet, daß er achtzehn Meter lang wird, für den Menschen harmlos ist, sich in der Hauptsache von mikroskopisch kleinen Fischen ernährt und kaum in der Lage ist, einen größeren Fisch zu verschlingen.
Aber ich hatte vor der Natal-Küste in Afrika einmal einen Tiger-Hai erlebt. Ich war nur ein fernstehender Zeuge. Der Held war Paul Brokensha. Es war an einem wunder-

schönen Sonnentag. Die Menschen hatten sich an den Strand geflüchtet, um der afrikanischen Hitze zu entgehen. Halb Margate war am Strand. Die Badewärter hatten, wie es ihre Pflicht war, davor gewarnt, weit hinaus zu schwimmen. Die vierzehnjährige Julia Peinting hatte nicht im Sinn, auf die Warnung zu hören. Dann war es mit einemmal geschehen. Wir hörten einen furchtbaren Schrei. Wir alle wußten, was geschehen war. Aber wo? Wer war jetzt so nahe, daß er helfen konnte, wenn noch etwas zu helfen war? Das mußte ein Hai sein! Noch einmal schrie Julia. Und dann wurde alles still. Kein Laut war zu hören. Niemand schrie, rief oder fragte etwas. Wir schauten auf das Meer hinaus: Da sahen wir einen Mann, der weit draußen mit mächtigen Schwimmstößen einer Stelle zustrebte, wo das Wasser unruhig war. Und das war der Kampf, der sich dort abspielte:

Ein großer weißer Hai, eine der gefährlichsten Kreaturen des Meeres, ein Ungeheuer, das sich sonst selten in diese Breiten verirrt, hatte das Mädchen, die vierzehnjährige Julia, angegriffen. Vom großen weißen Hai weiß man, daß er Tag und Nacht auf der Suche nach Beute ist: Seelöwen, Tintenfische. Alles, was lebt und was er fressen kann, ist ihm als Beute willkommen.

Für ihn galt bestimmt nicht das, was der Koch vorhin von den Haien im allgemeinen behauptete, denen er einen Schlag auf die Nase geben wollte.

Paul Brokensha, der Mann, der dort draußen vor der Natal-Küste schwamm, war sich wohl der Gefahr nicht bewußt, in die er sich hineinwagte. Er sah, daß der Hai das Kind gepackt hatte. Er hielt es am Oberschenkel, Paul Brokensha hängte sich an den Schwanz des Hais. Ein Hai hat in seinem Schwanzstück eine ungeheure Gewalt. Er schleuderte Paul Brokensha weit von sich. Aber der Mann nahm den Kampf auf. Er packte den Hai von oben, er rang mit ihm, er schlug mit den Fäusten auf ihn ein. Er sprang hoch und versetzte dem Hai kräftige Stöße mit seinen Füßen. Da schien der Hai zu erschrecken und ließ Julia Peinting los. Paul Brokensha nahm das Mädchen und schwamm in aller Eile auf den Strand zu. Aber der Hai hatte den Blutgeschmack im Maul. Er verfolgte die beiden und hatte anscheinend nur eines im Sinn, nun zwei Wesen, zwei Geschöpfe, zu seiner Beute werden zu lassen. Paul Brokensha wehrte sich, so gut er konnte. Zweimal hatte der Hai ihn mit seinen messerscharfen Zähnen fast gepackt. Da kam von draußen die erste große Flutwelle herein. Diese Welle warf den Hai, den Mann und das Kind in seichtes Wasser. Einfältig und gefräßig versuchte der Hai, selbst fern seines Lebenselementes, dem großen Wasser, seine Beute zu halten.

Aber hier war Paul Brokensha der Schnellere. Auf seinen Armen trug er das Kind, das aus den Wunden am Oberschenkel furchtbar blutete, die Dünen hinauf, bis er das Kind in Sicherheit wußte. Dann brach er zusammen. Man erschlug den Hai, als er sich am Strand, außerhalb des Wassers, in der Sonne, in der Luft mattgekämpft hatte.

Ich las später, daß Königin Elisabeth II. jenem Paul Brokensha die Georg-Medaille für Tapferkeit verlieh.

Als ich damals neben dem Hai, einem mächtigen hellhäutigen Koloß, stand, ahnte ich nicht, daß ich eines Tages ausziehen sollte, um Haie zu fangen – für das Aquarium von Miami Beach.

Katz-und-Maus-Spiel

Kapitän Filippo hat den Felsen erspäht, der aussieht wie die Nase eines Riesen.

Er versicherte, daß wir nun nur die Netze auszulegen brauchen, und erzählt, daß er einmal mit einem Segler unterwegs war und bei völliger Windstille in dieser Gegend einige Tage nicht weiter konnte. Da habe er Muße gehabt, die Haie zu beobachten, die sich hier in einem Wasser tummelten, das damals freilich klar gewesen sei – kristallklar bis auf den Grund.

Vielleicht war es ein anderer Fels, der aussah wie die Nase eines Riesen. Wir legen die Netze aus und schicken ein Boot weit hinaus. Wir ziehen schließlich sogar ein Tau hinüber zum Felsen, wo wir dieses Tau festmachen, um dann vielleicht die Ungeheuer, auf die wir Jagd machen wollen, leichter in unser Netz treiben zu können. Man weiß heute von den Haien, daß sie über den ganzen Körper verteilt Zellen haben, die von einer unheimlichen Empfindlichkeit für jedes Geräusch sein sollen. Überall, am ganzen Körper, nehmen die Haie den Lärm, die Vibrationen und Schwingungen auf. Um die schönen Badenixen am australischen Strand zu schützen, verjagt man heute die Haie nicht mehr mit Sirenen, sondern mit Ultraschall. Diese Erschütterungen im Wasser reichen angeblich meist aus, um die Riesen der Tiefe zu erschrecken und zu verjagen. Hans Hass, der Tiefseeforscher, war der erste, der feststellte, daß es eigentlich nicht die Zellen an der Oberfläche der Haihaut sind, sondern Spürhärchen, die die leisesten Erschütterungen weiterleiten.

Wir wollen den Versuch unternehmen, mit Geschrei, mit Schellen und Hupen, mit kleinen Raketen, die wir in der Tiefe explodieren lassen, die Haie aufzuscheuchen, die sich bis zur Stunde noch nicht blicken ließen, und in unser Netz hineinzubringen. Dazu verschießen wir ein Dutzend Raketen und schreien und lärmen, bis wir heiser sind. Unsere Arme sind lahm vom Trommeln. Kapitän Filippo hat längst zu fluchen begonnen und weiß nun, daß wir nicht in ein paar Stunden unsere Expedition zu Ende bringen und unseren Preis kassieren können. Mit uns führen wir einen Abenteurer, der Karl Blohm heißt. Er war früher einmal bei der Kriegsmarine. Später hat es ihn nach Havanna verschlagen. Karl Blohm verliert zuerst die Geduld. Er macht mir den Vorschlag, in die Tiefe hinunterzugehen und festzustellen, ob es dort überhaupt Haie gebe. Immerhin ist er so vorsichtig und läßt erst einen Köder hinab. Wir hatten vor drei Tagen einen mächtigen Tintenfisch gefangen. Das mußte der richtige Köder sein!

An einer Kette und einem Haken lassen wir den Rest des

Tintenfisches, also das, was unser Koch nicht zu verarbeiten wußte, in die Tiefe. Nach Sekunden ruckt es.
»Dann gibt es also doch Haie hier. Aber sie sind offenbar schlauer als wir. Schauen wir nach.«
Ich will vor diesem Waghals nicht zurückstehen. Wir stülpen die Helme über und legen die Flossenschuhe an, greifen dann nach einem Messer und gehen über Bord, obwohl Filippo uns beschwört, es nicht zu tun! Auch der Koch ist auf einmal wieder zur Stelle und hält es für einen unverantwortlichen Leichtsinn, das für wahr zu halten, was er vorhin sagte.
Der Abenteurer ist mir um drei Meter voraus. Er taucht mit einer unheimlichen Geschwindigkeit. Ich erinnere mich, daß mir jemand erzählte, er habe gleich nach dem Krieg angeblich nach Schwämmen getaucht.
Rechts und links von uns sehe ich Haie auftauchen. Es sind große starke Tiger-Haie, von harmlosen Wal-Haien ist keine Spur!
Da! Einer dieser Haie legt sich auf den Rücken und greift in der tückischen Art, die den Haien eigen ist, in einem raschen Sturzflug den Deutschen an.
Aber dieser scheint seine Augen überall zu haben. Er wirft sich selbst auf den Rücken, er läßt Luftblasen aus seinem Helm aufsteigen, so daß für Sekunden das Feld um ihn wie vernebelt ist.
Und im nächsten Augenblick ist er unter dem Hai, der verwundert in den Nebel hineinstieß und sich ärgerte, daß auf einmal nicht mehr die Beute da war, die er eben noch sah. Mit einem blitzschnellen Schnitt, so stark und so gewaltig, schlitzt der Deutsche dem Hai den Leib von unten her auf.
Ich sehe, wie das Gekröse sich aus dem breiten Schlitz nach draußen drängt. Der Hai scheint keinen Schmerz zu spüren. Er greift weiter an. Diesmal hat er mich aufs Korn genommen. Offenbar ist seine Gefräßigkeit größer als die Todesnot, größer als der Schmerz, den er empfinden muß, während ihm buchstäblich das Leben davonfließt.
Ich steige schnell nach oben und schlage einen Haken,

indem ich den gleichen Trick wie der Deutsche versuche. Der Abenteurer läßt den Hai nicht an mich herankommen. Er greift ihn von der Seite an und stößt ihm sein Messer in das linke Auge. Er gibt mir ein Zeichen. Wir treten beide den Rückzug an.
Die anderen Haie kommen. Sie wittern eine Beute – ihren Artgenossen. Was bedeutet für sie die Art-, die Rassen- und Blutgleichheit! Sie wollen fressen und leben!
Wir beobachten das entsetzliche Schauspiel, wie sie den noch immer lebenden Hai zerfetzen, zerreißen, buchstäblich verschlingen, während die Stücke, die sie ihm aus dem Körper herausreißen mit ihren scharfen Zähnen, noch von dem Leben zucken, das im Kopf, Rückgrat und Schwanz dieses Giganten bis zuletzt pulst.
Das ist meine erste ernste Auseinandersetzung mit einem Hai. Der Deutsche gesteht, daß die Haie an der Küste viel friedlicher und viel netter seien. Schließlich hatte er dieses Katz-und-Maus-Spiel bisher nur in Küstenbereichen betrieben.

Ein Schluck Tee genügt

Ich entwerfe mit dem Deutschen für den nächsten Tag einen Plan. Auf die Portugiesen können wir nicht rechnen. Die Spanier wollen nicht mitmachen.
Ich muß einen jungen Hai haben. Wenn wir ihn ins Netz bekämen, könnten wir versuchen, ihn im Wasser hinter uns her zu schleppen.
Deshalb gehen wir alsbald noch einmal in die Tiefe. Die Welt scheint wie ausgestorben zu sein. Kein Hai ist zu sehen! Wir nähern uns einem Korallenriff, das von jenem hohen Felsen aus wohl im Laufe von einigen tausend Jahren bis hierher vorgewachsen ist.
Ich sehe, wie der Deutsche mir ein Zeichen gibt. Er hat einen Hai erspäht – ein junges Tier, das gestern offenbar bei der großen Herde dabei war und sich dann verirrte oder zurückblieb, denn die Haie pflegen meist wie die Wölfe in Rudeln zu jagen.

Dieser junge Hai ist nicht angriffslustig, sondern ängstlich. Er beobachtet uns und versteckt sich hinter dem Korallenriff. Der Deutsche geht ganz nah an ihn heran. Er streicht ihm mit der Hand über den Rücken. Der Hai rührt sich nicht. Dann schießt er plötzlich einige Meter vorwärts und steht wieder still. Er scheint von den beiden seltsamen Gestalten, die er nicht begreift, mit denen er nichts anzufangen weiß, fasziniert zu sein.
Ich mache es wie der Deutsche. Ich hänge mich an den Schwanz des Hais, er zieht mich ein Stück weiter. Ich schwimme unter seinen Bauch und kratze ihn mit beiden Händen. Das scheint ihm zu gefallen. Wir locken, wir drängen ihn in die Richtung des Netzes.
So schnell ich vermag, ohne daß mein Blut zu kochen beginnt, tauche ich nach oben. Ich gebe ein Zeichen, ich gestikuliere, ich schreie. Der Kapitän wird lebendig. Mit dem Boot schlagen wir mit dem Netz eine Schleife. Ich gehe wieder hinunter; der Hai sitzt im Netz.
Ich bin glücklich und so zufrieden wie der Deutsche. Er ist stolz auf seinen Wagemut und seine Geschicklichkeit. Aber das ist nicht alles, was er mir zu zeigen weiß. Wir beschließen, uns abzulösen, wenn wir mit dem Netz im Schlepp unseren Hai bis Miami Beach hinüberbringen wollen. Denn es wäre möglich, daß andere Haie sich uns anschließen, die versuchen, unseren Hai im Netz anzubeißen oder zu verschlingen.
Fünf Stunden später haben wir den ersten Hammerhai hinter uns. Der Deutsche hat eine große Angel ausgelegt, und der Hai kommt heran. Es folgt ein Schauspiel, das ich nicht zum zweiten Mal in meinem bewegten Leben zu sehen bekam: Der Deutsche läßt den Hai hochziehen. Die Kette ächzt. Es ist ein Koloß von zwölf oder vierzehn Zentnern. Er lebt. Es wird einige Mühe kosten, ihn zu töten. Er schlägt gewaltig mit dem Schwanz um sich; er tobt.
Und da sagt der Deutsche: »Haben wir Wasser da? Haie vertragen kein Süßwasser. Ein Glas Süßwasser, und der Riese ist tot!«

Die Portugiesen mit Filippo an der Spitze heulen und wollen kein Wort glauben. Der Koch gesteht, daß er kein Süßwasser mehr da hat, sondern nur noch Wein und – ein paar Kannen Tee.
»Reich mir ein Glas Tee! So schlecht wie du den Tee kochst, Cookie, wird dieser Tee den gleichen Dienst tun.« Und er läßt sich an der Kette hinunter bis nah über dem weitgeöffneten Maul des Hais. Er turnt an der Kette wie ein Akrobat. Er hält sich mit den Zehen fest.
Und jetzt sehe ich, wie er das Glas mit dem Tee langsam in den weiten Schlund des Hais ausleert. Da geschieht etwas Seltsames: Der Hai versucht zu schlucken. Er schlägt noch zweimal mit dem Schwanz, dann streckt er sich und ist tot.
Die Zoologen haben es mir später nicht geglaubt, als ich dieses Erlebnis erzählte. Ich habe es selbst gesehen. Der Deutsche hat mir nicht verraten, wer ihm dieses Geheimnis beibrachte: Riesenhaie mit einem Glas Wasser zu töten.
Bis Miami Beach habe ich mich mit meinem Hai angefreundet. Ich bin jeden Tag zu ihm hinunter ins Wasser gegangen, habe ihn gestreichelt und ihm zu fressen gebracht. Als wir in Miami Beach waren, kannte er mich, und fast tat es mir leid, mich von ihm trennen zu müssen.
Zwei Jahre später habe ich ihn wiedergesehen. Er ist groß und stark geworden. Er ist jetzt wirklich ein Riesenhai, und er schwimmt in der ewigen Ruhelosigkeit seiner Art immer im Kreis. Buntes Licht strahlt ihn an. Ich bin an das Glas getreten und habe geklopft. Er hielt einen Augenblick inne und starrte durch das Glas nach draußen. Ob er mich erkannte? Ob die Schallwellen ihn nur neugierig machten?
Er wird weiterkreisen – bis eines Tages das zähe Haifischleben in ihm erschöpft ist, ausgetobt, auf der ewigen Jagd nach Freiheit, auf der ewigen Suche nach einem Ausweg aus der Welt, in die er versetzt wurde – durch meine Schuld, durch die Kunst eines Abenteurers und weil die Menschen in Miami Beach eine neue Sensation brauchten ...

Lieber Freitod als Gefangenschaft

Es war ein Wunder, daß man ihn über soviele Jahre am Leben erhielt; denn der Hai, diese Primadonna der Tiefe, ist eine Kreatur, von der man niemals voraussagen kann, was aus ihr wird, sobald sie in Gefangenschaft gerät. Der Hai kann draußen im Meer ein gefährlicher Jäger und Kämpfer sein. Aber einmal gefangen, besteht das ganze Problem für den Menschen, der den Hai lebend halten will, darin, ihn daran zu hindern, Selbstmord zu begehen. Der Hai in der Gefangenschaft scheint von einem unheimlichen Drang besessen zu sein zu sterben. Ich habe bei späteren Gelegenheiten gesehen, wie man Haie in größere, in schönere Bassins setzte als jenes, in welchem »mein Liebling« untergebracht war. Sie ließen sich auf den Boden sinken und versuchten, sich selbst zu ersticken und so ihrem Leben ein Ende zu setzen.

In Florida, in Marineland, hatte einer meiner Freunde ein Spezialverfahren ausgedacht, um gefangene Haie zu zwingen weiterzuleben. Wenn die Haie sich auf den Boden zum Sterben legten, dann sprang er ins Wasser, faßte sie bei den Flossen und schwamm mit ihnen ununterbrochen im Kreis herum. Das war seine Methode der künstlichen Atmung, durchgeführt an Haien.

Wenn er sich eines Tages daran gewöhnt hatte zu atmen, wenn dieser Drang, durch das Ersticken zu sterben, überwunden ist, dann tritt er in den Hungerstreik. Was man ihm auch vorsetzt – er rührt nichts an. Und sechs Monate später ist er tot.

Dieser Freund in Florida erzählte mir die tragischste Geschichte, die er je mit einem Hai erlebte. Er erzählte:

»Es war damals ein erfolgreicher und schöner Tag. Wir hatten erst einen großen Rochen gefangen, einen Panther-Rochen. Diese Rochen haben an ihrem Schwanz einen Dorn, der in Verbindung mit einer Gifttasche steht. Es handelt sich um eine gefährliche Waffe, deren sich der Fisch jedesmal bedient, wenn er sich bedroht fühlt und angegriffen wird.

Wir waren sehr vorsichtig, als wir ihn ins Boot warfen, und sorgten dafür, daß er uns nicht unter den Händen starb.
Dann kam der kleine Hai in unser Netz. Wir jubilierten und warfen den Hai ins Boot. Er zuckte, schaute nach rechts, schaute nach links, und dann geschah es: Er stürzte sich auf den Rochen und bohrte sich den Dorn des Panther-Rochens in den Leib. War es Zufall? War es eine unheimliche Planung des Instinkts? Wir werden es nie wissen. Dreimal streckte sich der Hai; dann war er tot. Der Tag, der für uns so gut begonnen hatte, war in seiner Tragik noch nicht zu Ende. Nachdem wir den Hai beiseite gewälzt und ins Wasser geworfen hatten, weil der tote Hai uns nichts nützte, beobachteten wir mit Entsetzen und Erstaunen, wie der Rochen sich mit einer ungeheuren Gewalt und Anstrengung herumwarf, zusammenkrümmte und sich dann selbst seinen Dorn in die Flanke stieß.
Eine halbe Minute später war auch der Rochen tot. Wir warfen auch ihn ins Meer, und unsere ganze Arbeit begann von neuem.
Wir haben oftmals, wenn wir dieses Abenteuer erzählten, mit den Ungläubigen gestritten, die uns nicht abnehmen wollten, daß Haie und Rochen sich darauf verstehen, Selbstmord zu begehen. Wir haben es erlebt und mit eigenen Augen gesehen, und reiner Zufall kann es nicht gewesen sein!«
Es gibt kaum ein Tier auf dieser Welt, in welchem sich Einfalt, Naivität, Dummheit bis zur Stupidität mit größter Gewandtheit, mit raffinierter Klugheit verbinden – wie in diesem König der Tiefe, dem Hai. Er kann vor einem Schatten erschrecken und davonschwimmen, um nie mehr wieder aufzutauchen. Dann nennt man ihn feige.
Aber er kann mit einem verwegenen Mut ein dutzendmal angreifen, obwohl er weiß, daß ihn immer wieder ein Messer, eine Harpune, ein Schlag erwartet.
Einer meiner Freunde, Robert Walker, war von der Küste

von Florida aus mit einem Freund, James Plauf, in einem Motorboot auf das Meer hinausgefahren. Und dann kam mit einemmal ein Hammerhai, ein Riese von zweieinhalb Meter. Mit seinem Rücken packte er das Boot von unten, stieß dreimal dagegen und warf es um.
Vergebens versuchte Robert Walker, während sein Freund, der den Rettungsring erwischt hatte, von einer Strömung abgetrieben wurde, sich am Boot zu halten. Walker hatte nur eine Angst – der Hai könnte zurückkehren. Und da kam er schon. Er packte ihn von unten und zog ihn zwei Meter unter das Wasser.
»Aber dann habe ich um mich getreten und geschlagen, so gut ich konnte; er ließ mich einen Augenblick los. Ich schoß nach oben. Er hatte mich in die rechte Hand gebissen. Es gelang mir mit der linken Hand, mein Messer am Gürtel loszumachen. Ich wollte mich nicht verloren geben und stieß zu. Aber die Klinge ging nicht einmal durch die Haut; so hart war dieser Hammerhai.
Ich atmete auf. Er schien verschwunden zu sein. Aber ein paar Minuten später kam er zurück – mit neun anderen Haien. Sie umkreisten mich. Sie starrten mich an. Sie standen Minuten im Wasser und starrten zu mir hin. Ich ging mit meinem Kopf unter Wasser, als ich sie kommen sah, und trat nach rechts und links mit den Füßen. So konnte ich sie mir vom Leib halten. Sie bissen in meine Schuhe. Ich verlor die Schuhe. Sie bissen in meine Hose. Ich verlor die Hose.
Und dann kam jemand in einem Boot und zog mich aus dem Wasser. Es waren die längsten Minuten, die ich je in meinem Leben durchkostete.«
Feige? Mutig? Ein Held? Ein Angsthase? Man wird über den Hai wohl für alle Zeiten die widersprechendsten Nachrichten und Berichte hören. Bei allen Tieren ist es so wie bei den Menschen. Die einen sind Genies und die anderen Dummköpfe. Die einen sind mutig, und die anderen sind feige.
Auch aus meinem Liebling, dem Riesenhai, den ich im Netz nach Miami Beach brachte, bin ich niemals ganz

klug geworden. Ich spielte manchmal mit dem Gedanken, zu ihm in das große Bassin hineinzusteigen und mit ihm zu spielen und zu sprechen, wie ich es damals tat, als wir ihn im Netz hinter uns herzogen.

Aber meine Freunde rieten mir ab. Sie meinten, ein Riesenhai könne in der Gefangenschaft den Verstand verlieren und sogar die Liebe vergessen, von der ich glaubte, daß er sie einmal in den Stunden und Tagen, die wir zusammen im Wasser verbrachten, in seiner Vereinsamung und in seiner Angst für mich empfunden haben könnte ...

Der Tod kam durch den Känguruh-Fluß

Die australische Regierung hat wichtige Beschlüsse gefaßt, um mit einer Landplage fertigzuwerden, die den seltsamsten aller Kontinente bedroht. Gestern waren es die Kaninchen, vorgestern die Feigenkakteen, und heute sind es die Känguruhs.

Man sagte einmal von den Känguruhs, daß sie ängstlich und harmlos seien; man behauptete, daß sie sich nur mutig erweisen, wenn sie verliebt seien. Aber heute denkt man anders über die Känguruhs. Die große Trockenheit, die weite Teile Australiens befallen hat, hat Millionen von Känguruhs in Bewegung gebracht; sie sind in das grüne Weideland eingebrochen, haben ihre Nahrung, die draußen in der Prärie verdorrte, in den Feldern und in den Gärten gesucht, und heute möchte man Mittel und Wege wissen, um die Känguruhs wenigstens überall dort auszurotten, wo sie zu gefährlichen Schädlingen geworden sind. Die Wissenschaft hat inzwischen ermittelt, daß die Känguruhs von einer früheren Reptilienart abstammen, die vor etwa sechzig Millionen Jahren gelebt haben soll. Überall in der Welt starben die Känguruhs aus und wurden von klügeren Tieren vernichtet; nur in Australien überlebten sie.

Alles ist seltsam an diesen Lebewesen

An einem strahlenden Frühlingstag lief im Jahre 1770 Kapitän Cook den australischen Kontinent an. Er schickte ein paar Leute aus, die erkunden sollten, ob es außer dem Süßwasser, das man dringend brauchte, auf dieser Insel,

Riesen-Känguruh

deren Ausdehnung er nicht kannte, Nahrungsmittel gäbe, mit denen man die stark eingeschmolzenen Vorräte für die weitere Reise ergänzen wollte.
Diese Männer kamen von ihrem Streifzug zurück. Die Beute war nicht sehr reich, aber sie erzählten von merkwürdigen Tieren, die sie gesehen hätten, von Lebewesen, die auf einer Prärie herumsaßen – aufrecht, erstaunt, als hätten sie nie einen Menschen gesehen, um dann mit großen Sprüngen davonzuhüpfen.
»Sie können nicht laufen; sie hüpfen und springen! Sie haben vor dem Bauch eine Tasche, aus der kleine Lebewesen herausschauen.«
Damit war eines der seltsamsten Tiere dieser Erde entdeckt. Die Känguruhs, die sie damals sahen, waren die großen grauen Känguruhs, die auch heute noch überall anzutreffen sind – in Australien, in Tasmanien und Neu-Guinea.
Die Zoologen in Europa, denen man von diesen merkwürdigen Tieren erzählte, wollten diese Geschichten einfach nicht glauben, bis man ihnen Känguruhs mitbrachte. Da erkannten sie, daß alles an diesen Tieren seltsam war. Man machte sich Gedanken darüber, auf welchem Entwicklungsweg diese Känguruhs entstanden sein könnten. Es blieb in der scharfsinnigen Überlegung der Wissenschaftler nur ein Weg: Diese Känguruhs in Australien waren die Abkömmlinge einer sehr frühen Säugetierart, die sich aus den Reptilien entwickelt hatte. Über eine Landbrücke, die damals wohl Australien mit Asien verband, wanderten diese hochentwickelten Reptilien dorthin, wo eines Tages Australien zu einer Insel wurde, als die große Landbrücke vor vielen Millionen von Jahren – zerbrach und im Meer versank.
Isoliert auf dieser Insel, nicht gefährdet von anderen, höher gearteten Säugetieren, die intelligenter und angriffslustiger als die ängstlichen und harmlosen und friedlichen Känguruhs waren, verfielen diese Wesen in Australien nicht dem Aussterben, während sie sonst überall in dieser Welt zugrunde gingen.

Die bekannteste noch lebende Verwandtschaft sind einige Familien der Opossums. Im übrigen aber sind die Känguruhs jene Lebewesen des australischen Kontinents, von denen man immer spricht, wenn man diesen merkwürdigen Erdteil erwähnt, der übrigblieb, als eine furchtbare Katastrophe über die Erde dort hereinbrach, wo heute der Stille Ozean mit seinen gewaltigen Wassermassen liegt.

Harmlos und ängstlich nennt man die Känguruhs. Nur wenn sie verliebt sind, zeigen sich die Männchen unternehmungslustiger. Sie flirten mit den Weibchen, die erst sehr spröde tun, bis sie von den Känguruh-Herren einige herzhafte Tritte mit den starken Hinterläufen bekommen haben. Die Ausdauer des Känguruh-Mannes siegt. Der Känguruh-Herr umarmt die Känguruh-Dame, sie wackeln mit den Köpfen, sie sitzen hoch auf ihren muskulösen Schwänzen und biegen ihre Körper hin und her in einem Liebestakt, den nur sie verstehen.

Wehe dem Rivalen, der sich in dieser Liebesstunde einfindet, um das Spiel zu stören. Ich habe einmal ein eifersüchtiges Känguruh gesehen und war froh, nicht der Rivale zu sein. Dieser Känguruh-Herr brüllte in seiner Wut und Eifersucht, daß man es meilenweit hören konnte. Er trommelte mit den Hinterläufen auf den Boden, so daß es dröhnte, als schlüge man eine gewaltige Trommel.

Dann sitzen sie einander gegenüber. Sie fassen sich ins Auge, das Duell beginnt. Sie greifen sich an die Kehlen, als möchten sie sich erwürgen. Sie bringen sich mit ihren Vorderläufen Ohrfeigen bei, daß es nur so knallt. Aber sehr gefährlich wird es, wenn es über die Beißerei hinaus und über das Austeilen von Maulschellen endlich zum letzten und entscheidenden Akt dieses Duells kommt.

An ihren Hinterläufen haben sie zwei starke, lange Zehen. Einer von ihnen hat einen gefährlichen krummen Nagel. Mit diesem Nagel versucht er den Leib seines Gegners zu treffen, um ihn von oben bis unten aufzuschlitzen.

Aber hören wir die Geschichte eines Mannes, der unheimliche Abenteuer mit Känguruhs in Australien erlebte:

Ein verteufelt gefährlicher Beruf

Die Neugier nach dem Abenteuer und die Sehnsucht nach den unendlichen Weiten Australiens, nach der davonlaufenden weißen Fluchtlinie der Wüste, nach den Wäldern in leuchtendem Grün, nach den Akazien und den Eukalypten hatten Françis Mitchell eines Tages bewogen, der australischen Postverwaltung mit ein wenig ungelenker Hand zu schreiben, daß er bei ihr Briefträger werden wolle.

Irgendwo hatte er eine kleine Anzeige gelesen:

> »Gesucht werden Briefträger für Zentral-Australien. Buscherfahrung Voraussetzung. Größere Wüsten-Praxis Bedingung.«

Er glaubte, sich rühmen zu können, beides zu haben, und war als Erzschürfer ausgezogen, um das große Glück zu finden. Später hatte er sich den Uran-Suchern angeschlossen. Als er in der Wüste fast verdurstet war, heuerte ihn ein Farmer an, seine Herden zu hüten. Aber ihm war er in einem dürren Sommer davongelaufen, weil er es nicht mehr mitanhören konnte, wie das Gebrüll des verdurstenden Viehs die unheimliche Stille der von den glühenden Sonnenstrahlen erbarmungslos versengten Landschaft unterbrach. Langsam war das Weideland verbrannt. Zum erstenmal erlebte er, wie mit einer tückischen Unregelmäßigkeit die Natur ihren Segen dem einen nimmt und dem anderen verschwenderisch gibt.

So abgehärtet war er, als das Abenteuer ihn nach einer kleinen Pause, die er in Sydney verbrachte, von neuem lockte. Er konnte einfach zwischen den Häusern dieser steinernen Wüste nicht mehr atmen.

Der Mann im Zentralpostgebäude prüfte die Papiere des Françis Mitchell, lugte über die Brille, stellte ein halbes Dutzend Fragen und meinte dann:

»Fein, old boy, ich glaube, du bist der richtige Mann für den Cimberly-Distrikt. Aber sei vorsichtig! Der letzte, den wir dort hinschickten, der alte Jonnel, der Mann, der diesen Bezirk am längsten betreute, kam vor zwei Mona-

ten zurück und hatte eine Hand eingebüßt, er hinkte und hatte ein Auge verloren.
Und noch eins: wir werden dich selbstverständlich vereidigen. Du nimmst bei uns an einem Kursus teil, und du lernst, daß es auf der Erde nichts Wichtigeres gibt als deinen Postsack! Was in deinem Postsack ist, geht dich nur insofern an, als du die Adressen lesen mußt. Nur wenn du in unmittelbarer, unausweichlicher Lebensgefahr bist, darfst du unter den Paketen nachsehen, ob darin etwas zu essen ist. Aber so schlimm wird's schon nicht werden. Wir zahlen ein kleines Gehalt, aber wir halten unsere Briefträger, die sich auf unseren gefährlichen Strecken bewähren, hoch in Ehren. Und wenn dir etwas zustößt – hinterlege die Adresse, wenn du eine Frau hast. Und kommst du gnädig davon, dann zahlen wir dir eine Rente!«

Die Nacht, in der das Gewitter kam

Nach dieser kurzen Diensteinführung und einem Schnellkursus von kaum zwei Wochen gab man Françis Mitchell einen Inspektor mit auf den Weg, damit er erst einmal seine Strecke kennenlerne. Der Cimberly-Distrikt liegt dreihundert Kilometer abseits von Derby. Es gibt dort keine Tiger und keine Löwen, aber Krokodile füllen diese Gefahrenlücke reichlich aus. Sie fuhren in einem harten Überland-Rover durch die Wüste. Unterwegs erzählte der Inspektor, daß vor einigen Wochen einem der Briefträger, der auf einem Pferd unterwegs war, ein Krokodil das Reittier unter dem Bauch fortriß.
»Aber der Postbote kam mit dem Briefsack heil davon. Doch er mußte über fünfzig Kilometer durch wildzerrissenes Land zu Fuß wandern.«
Überall, wohin sie kamen, war die Ankunft des Briefträgers, der alle Jubeljahre einmal erscheint, ein großes Ereignis. Wer soll schon diese Briefe zugestellt erhalten? Ein paar Viehzüchter, ein paar Erzschürfer, ein paar Glückssucher, ein paar Missionare und Sonderlinge. Sie haben Anspruch auf die Postzustellung.

Nachts schliefen die Boten bei den Relais-Telegraphisten, die in den kleinen Wellblechhäusern an der großen Überland-Telegraphenlinie hausen: Diese war gleichzeitig der Wegweiser. Denn eine Straße gibt es hier nicht.

Hier lernte Mitchell, wie man auf freier Strecke eventuell Telegramme aufgeben kann. »Selbstverständlich ist es Ehrensache eines jeden Briefträgers der Überlandpost in Australien, darauf zu achten, ob die Telegraphenlinien, die Leitungen in Ordnung sind. Die Telegraphisten überprüfen zwar jede dritte Stunde die Leitungen; aber man kann es einmal vergessen. Es kann etwas Unverhofftes passieren, wenn eben eine Leitung gerissen ist.«

Der Inspektor hatte es eilig, François Mitchell wieder zum Ausgangspunkt zurückzubringen. »Nun weißt du alles, nun kennst du die Strecke und deine Kunden. Wenn noch jemand hinzukommt, dann mußt du suchen. Mach's gut und verlier den Mut nicht so schnell!«

Drei Tage später war der gefüllte Postbeutel wieder zur Stelle. Als der Inspektor mit Mitchell unterwegs war, schien der Boden steinhart zu sein. Es war Lehmboden, den die Sonne gedörrt hatte. Mitchell war mit seinem Rover den dritten Tag unterwegs, als plötzlich von Norden her sich eine Wand auftürmte, als erstünde plötzlich vor ihm der Himalaja – so zackig, so gefährlich, so drohend mit weißen Spitzen. Aber dann brach ein Gewitter los, das den ganzen Himmel zucken ließ, als hätten sich alle Götter der Wüste gegen ihn, François Mitchell, verschworen. Es regnete, als gösse man aus dem Himmel auf einer Breite von zwanzig Quadratkilometer über jedem Quadratfuß mit ganzen Eimern das Wasser auf die Erde hernieder.

Er wollte seinen Wagen schön und trocken durch dieses Unwetter hindurchbringen und hatte ihn auf einen kleinen Hügel hinaufgefahren, wo ein paar Akazien ihre Blätter steil in den Himmel reckten – so senkrecht zur Sonne gestellt, damit sie hier nicht verdursteten.

Plötzlich sah er, wie ringsum das Wasser zu steigen begann. Dort drüben war ein Rinnsal gewesen, ein Bächlein, das nicht einen Tropfen Wasser führte, als er zum erstenmal mit dem Inspektor diesen Weg fuhr. Aus diesem Rinnsal war auf einmal ein Fluß geworden, so gewaltig, so ungeheuer, daß Françis Mitchell sich ängstlich nach allen Seiten umschaute.

Von Panik gepackt

Es regnete eine ganze Nacht. Als es Tag wurde, sah Françis Mitchell, daß der Fluß eine Breite von etwa rund zehn Kilometern bekommen hatte. Wasser, nichts als Wasser.
Der Hügel, auf dem er mit dem Wagen stand, war der Ausläufer eines fernen Gebirges. Dorthin führte, wie ihm schien, eine schmale Spur. Er ging bis zur nächsten Furt. Der Boden war noch nicht ganz aufgeweicht, und der Regen hatte etwas nachgelassen. Er glaubte, in der Ferne eine Anhöhe zu sehen, die etwas günstiger lag als der Hügel, auf den er sich gerettet hatte. Er wagte es und fuhr mit seinem Land-Rover durch die Furt. Der Wagen ächzte und stöhnte, prustete und schnaubte, dampfte und kreischte. Alles war feucht geworden, so naß, daß man es auswringen konnte, wenn man es berührte.
Etwa drei Kilometer kam er weiter. Dann setzte plötzlich der Regen wieder ein. Françis geriet mit seinem Wagen in eine Untiefe. In dieser Untiefe war der Boden weich geworden – nur noch Schlamm und zäher Lehm, der das Fahrzeug nicht mehr freigab. Françis Mitchell dachte an den Inspektor und riß den Postsack aus dem Wagen, watete durch das Wasser und rettete sich auf das andere Ufer. Dann überlegte er, wie er dem Inspektor klarmachen könnte, wie er seinen Land-Rover verlor.
Er trug seinen Postsack auf der rechten Schulter. Es regnete auf den Postsack, er wurde schwer wie Blei. Die Anhöhe zog sich lang hin. Das, was er für einen Wald gehalten hatte, waren niedrige Büsche eines häßlichen Dorngestrüpps.
Zwar hatte er in seinem Rucksack ein Zelt, aber es war

ihm, während der Regen wieder mit Eimern vom Himmel herniedergoß, zu unheimlich, hier das Zelt aufzuschlagen. Nie in seinem Leben hatte er eine größere Sehnsucht nach einem Menschen als in dieser Stunde.

Nur Wasser, ein grauverhängter Himmel, Regen, der unablässig niederfiel, ein braunes Land, das sich nach und nach in Morast verwandelte, eine Hügellandschaft, die zu einem Gebirge heranwuchs und von deren Hängen man abglitt, weil der Regen auch die Steine und den Sand lehmig werden ließ – das war die Welt, in der er so einsam war wie nie zuvor.

Er verwünschte die Stunde, in der er die Anzeige der australischen Postverwaltung las, und gab für sein Leben kein australisches Pfund mehr.

Plötzlich schrak er zusammen. Er fühlte, wie der Boden bebte. Lastwagen? Ein Zug in der Nähe? Menschen? Viele Menschen, die auf ihn zuliefen?

Er warf sich auf den nassen Boden und horchte. Plötzlich wußte er – das waren keine Menschen, das war kein Lastwagen, kein Expreß – das waren Känguruhs.

Als er bei jenem Farmer das Vieh hütete, waren ihm Hunderte von Känguruhs über den Weg gelaufen. Anfangs fand er sie lustig, diese springfreudigen Gesellen, die acht bis zehn Meter weit hüpfen können, wenn sie sich mit ihren mächtigen Hinterbeinen abstoßen.

Er hatte Riesenkänguruhs gesehen – über einen Meter hoch und mit einem Schwanz von siebzig bis achtzig Zentimeter und über zwei Zentner schwer. Sie hatten sich manchmal in ihrem bräunlich-grauen Fell, das an den Seiten heller und am Bauch weißlich ist, gut getarnt in die Wiesen eingeschlichen. Am Gras und an den Baumrinden taten sie sich gütlich. Man hatte die Känguruhs mit dressierten Hunden gejagt, um sie zu vertreiben oder um sich ein ausgezeichnetes Wildbret zu verschaffen.

Vor ein paar Wochen hatte er irgendwo eine Notiz gelesen, daß die Känguruhs in Australien überhand nähmen. Man hatte geschrieben, daß sie mit Gift und hier und da mit Flammenwerfern gegen die Känguruhs vorgegan-

gen seien. Er hatte den Kopf geschüttelt, denn er glaubte, daß die Känguruhs nur scheu und flüchtig seien; so hatte er sie jedenfalls kennengelernt – bis zu dieser Stunde.
Mit einemmal waren sie vor ihm – hundert, zweihundert oder dreihundert Känguruhs – große und kleine, starke und schwächliche. Sie schienen von Panik gepackt zu sein. Das Gewitter, der Regen, das Wasser hatte sie wohl aus Weidegründen oder aus Waldungen vertrieben, wo sie sich von Gras und Baumrinde ernährten.

Gefährliche Wahl

Damals, auf der Farm, konnte man sie verjagen, wenn man sich ihnen in den Weg stellte, die Arme hob und sie anschrie. Sie waren zu acht, zehn oder fünfzehn Tieren gewesen, darunter meist drei oder vier, die in ihrem Beutel ihre winzigen Jungen trugen, die sie lebend zur Welt bringen. Dann setzen sie die Jungen in den Mutterbeutel, in welchem sie acht Monate bleiben und nur von der Muttermilch leben. Diese Muttertiere waren besonders scheu — jedenfalls damals. Aber hier – schienen sie vor ihm, vor seinen Armen, vor seinem Geschrei keine Angst zu haben. Sie kamen heran wie eine breite Lawine, immer schneller, immer rücksichtsloser, erst vor ihm ausweichend, aber dann ihn einkreisend und ...
Der Postbote hatte einmal in Brisbane einen unheimlichen Boxkampf gesehen. Ein Boxer trat gegen ein Riesenkänguruh an, dem man an die Hinterläufe Boxhandschuhe band. Dieses Känguruh sprang dann gegen den Menschen, der sich zu wehren versuchte und der doch nach einer Minute k.o. auf die Bretter ging. Mitchell hatte das damals für einen geschickten Dressurakt gehalten.
Doch nun erlebte er, daß alle Känguruhs boxen können, daß sie mit ihren Hinterläufen harte kräftige Schläge auszuteilen verstehen.
Um auszuweichen, machte er einen Satz nach rückwärts und lief die Bergwand hinunter. Dabei fiel er und überschlug sich. Die Känguruhs folgten ihm. So stand er an

dem Rand des braunen Wassers, das ihm gurgelnd entgegenstieg.
Jetzt blieb ihm keine andere Wahl, als sich in das Wasser gleiten zu lassen in der Hoffnung, Boden unter den Füßen zu behalten, um sich ein wenig abseits wieder an Land retten zu können.
Jedoch das Schicksal hatte sich in dieser Stunde gegen ihn gestellt. Mit der großen gelben Flut waren über den Känguruh-River Krokodile aus dem nahen Bergland flußabwärts gekommen. Dieses Flußbett führte sonst nur diesen Namen wie ein Hohn in der Zeit der Dürre. Aber in diesem warmen Wasser griffen die hungrigen und nervösen Krokodile nach jeder Beute, die sich ihnen bot. Sie schnappten nach den Rindern, die ertrunken waren und hier und da auf dem Wasser trieben. Sie schnappten nach Françis Mitchell, der ihnen gegen die Schnauze trat.
Zweimal fühlte er, wie sie ihn gepackt hatten, aber mit ihren Zähnen am Leder seiner Stiefel abglitten.
Doch dann geschah das große Wunder: Die Känguruhs schienen einen unheimlichen, für sie verhängnisvollen Instinkt zu folgen. Wie die Lemmings, die merkwürdigen Wanderratten Skandinaviens, es manchmal tun, hüpften und sprangen sie in das Wasser hinein, ungeachtet des mächtig angeschwollenen Känguruh-River.
Da ließen die Krokodile von Mitchell ab und wandten sich der anderen, der leichteren Beute zu. Immer mehr Känguruhs sprangen in ihrer Panik in das Wasser. Es war ein grauenvolles Bild, ein erschreckendes Schauspiel. Françis Mitchell kletterte den Hang wieder hinauf, als es ruhiger geworden war. Er lag eine Stunde auf dem feuchten Boden. Dann brach plötzlich die Sonne durch, als habe es nie eine furchtbare Regennacht, nie ein entsetzliches Gewitter gegeben. Sie brannte so hell und so unschuldig wie an einem schönen Frühlingstag in einer australischen Prärie. Am nächsten Morgen hatte sich das Wasser verlaufen. Der Postsack, über den die Känguruhs hinweggesprungen waren, war verdreckt und verkrustet, nur ein paar Zeitungen waren unleserlich geworden.

Aber Françis Mitchell machte drüben im Schlamm seinen Land-Rover wieder klar. Er grub ihn mit seinen Händen aus dem Sand heraus, in den sich der Schlamm zurückverwandelt hatte.
Vierzehn Tage später meldete er dem Inspektor, daß die Post richtig zugestellt worden sei ...

Eilige Flucht in die Mama

Känguruhs gehören heute zum Bestand eines jeden zoologischen Gartens. Die Affen und die Känguruhs bilden die stärksten Attraktionen neben den Flußpferden und – den Kamelen. Interessant ist nun, daß der Mensch das Känguruh immer am komischsten findet unter allen Lebewesen, offenbar weil die Proportionen verschoben sind, die Hinterläufe zu stark entwickelt, die Vorderläufe zu Greifhändchen verkümmert sind, die nur zur Nahrungsaufnahme ausreichen, solange ein Känguruh nicht in eifersüchtige Liebesraserei gerät.
Die gefährlichen Abenteuer des Überland-Briefträgers in Australien sind keineswegs einmalig. Mancher Farmer, mancher Reisender, der irgendwo von einer Känguruhherde überrascht wurde, suchte sein Heil in der Flucht – vor allem heute, wo sich die Känguruhs plötzlich ihrer Stärke bewußt zu sein scheinen.
Für die Tierfänger bleibt nicht mehr allzuviel zu tun. In früheren Jahren zogen wir Jahr für Jahr aus, um in Australien nach Riesen-Känguruhs zu suchen, nach den mächtigen Kolossen, die aufrecht sitzend zwei Meter hoch sind. Inzwischen ist es längst geglückt, in den zoologischen Gärten durch sorgfältige Pflege die Känguruhs zu veranlassen, sich in Europa oder Amerika, Afrika oder Asien zu vermehren.
Auch die Jungen der Riesenkänguruhs sind nur drei Zentimeter groß, also winzige Embryos, wenn sie zur Welt kommen und entweder von der Mama mit den Lippen gepackt und in die Brusttasche am Mutterleib geschoben werden, oder aber langsam kriechend – einem

rätselhaften Instinkt folgend – den Weg in diese Tasche hinein finden, wo sie acht Monate bleiben.
Wenn sie nachher größer geworden sind und mit ihren kleinen Hasenköpfen und den hochgestellten Löffelohren sich ins Freie wagen, dann bleiben sie ihrer mächtigen Mutter noch lange verbunden. Erschreckt man sie, hören sie ein verdächtiges Geräusch, dann fliehen sie in großen Sprüngen – zurück zu ihrer Mutter in die große Tasche hinein, in der es wohlig warm ist und aus der die Känguruh-Mama das Kind erst ausweist, wenn die langgewordenen Beine schließlich keinen Platz mehr finden. So bleibt das Känguruh eines der seltsamsten Tiere dieser Welt.

Kennen Sie das Arena-Programm wirklich?

Arena-Jugendbücher und Arena-Sachbücher berichten spannend und fesselnd aus allen Wissensgebieten. Auf abenteuerlichen Wegen führen sie den Leser durch die ganze Welt. Sie vermitteln den Geist und das Wissen unserer Zeit in lebensnaher, anschaulicher Form.

Auf den folgenden Seiten machen wir den Leser mit einigen Veröffentlichungen des Arena-Verlags bekannt. Wer sich ausführlich über das Arena-Programm informieren möchte, erhält gern das kostenlose Gesamtverzeichnis vom Arena-Verlag, 87 Würzburg 2, Postfach 1124, Talavera 7–11.

Arena

Arena-Länder-Reihe – lebendige Kulturgeschichte

Diese Arena-Sachbuch-Reihe will die Geschichte, das Besondere eines Landes und das Leben seiner Bewohner zeigen. Diese Zusammenschau wird besonders bunt und lebendig durch die Art der Textgestaltung: Augenzeugen und Zeitgenossen berichten vom Schicksal und den Schönheiten dieser Länder in Vergangenheit und Gegenwart.

»Der Arena-Verlag in Würzburg ergänzt seit mehr als drei Jahren sein Jugendbuchprogramm durch dokumentarische Länderporträts unter dem Sammeltitel ›Aus erster Hand‹, kommentierte Anthologien in der bewährten Lesebuch-Manier, die inzwischen ihren eigenen Stil gefunden haben.«

Frankfurter Allgemeine Zeitung

Reinhard Federmann	**Rußland aus erster Hand**
Hans-Christian Kirsch	**England aus erster Hand**
Jünam Kwok	**China aus erster Hand**
Gudrun Pausewang	**Südamerika aus erster Hand**
Heinrich Pleticha	**Afrika aus erster Hand**
Heinrich Pleticha	**Italien aus erster Hand**
Georg Schreiber	**Balkan aus erster Hand**
Hermann Schreiber	**Frankreich aus erster Hand**
Hermann Schreiber	**Österreich aus erster Hand**
Hermann Schreiber	**Spanien aus erster Hand**
Klaus Staemmler	**Polen aus erster Hand**

Alle Bände haben Sachbuchformat, zahlreiche Fotos auf Kunstdrucktafeln, Karten, vierfarbigen laminierten Schutzumschlag.

Weitere anspruchsvolle Sachbücher dieser Reihe mit authentischen Texten und Bildmaterial sind in Vorbereitung.

Arena

Unsere neuen Reihen-Symbole erleichtern die Auswahl

Unter diesen Zeichen findet ihr in der Arena-Taschenbuch-Reihe Bände aus euren Interessengebieten:

- Großschrift-Reihe – vierfarbig illustriert
- Abenteuer – ferne Länder
- Sachbücher
- Sportbücher
- Rätselbücher – Basteln – Hobby
- Weihnachtsbücher
- Tiererzählungen
- Indianerbücher
- Kriminalerzählungen
- Mädchenerzählungen

Jedes Arena-Taschenbuch wird durch ein Reihen-Symbol gekennzeichnet.

Ihr begegnet den Zeichen auch auf den drei folgenden Seiten mit dem Verzeichnis aller lieferbaren Arena-Taschenbücher.

Arena

Arena-Taschenbücher
günstig im Preis

Großschrift-Reihe, vierfarbig illustriert ■
Märchen und Kindererzählungen

1157	Und viel Spaß . . .	J M ab 6
1165	Margot Naumann, Der rotkarierte Omnibus	J M ab 6
1176	Imogen Chichester, Trixelinchen Hexenkind ♛	J M ab 8
1188	Hans Baumann, Die Reise mit dem Einhorn	J M ab 6
1191	R. Otto Wiemer, Kalle Schneemann	J M ab 7
1195 ■	Das Traummännlein erzählt	J M ab 5
1200 ■	Adolf Oehlen, Zwei Räuber und ihr Gockelhahn	J M ab 6
1203	F. E. Meyer, Neues von mir und meinem Bruder	J M ab 8
1204 ■	R. O. Wiemer, Das Pferd das in die Schule kam	J M ab 6
1208 ■	J. Permjak / H. Baumann, Glückliche Trompete	J M ab 6
1211	R. v. Rosenberg, Das Geheimnis von Miramonte	J M ab 8
1215	Barbara Götz, Die Reise mit Apeldag Spuk	J M ab 8
1219 ■	Ilse van Heyst, Das riesenrunde Riesenrad	J M ab 6
1225 ■	Carl Josef Grund, Wo steckt Zacharias?	J M ab 6
1227	I. Rodrian, Das Abenteuer mit der rosaroten 7	J M ab 8
1231 ■	Barbara Götz, Jonathan und Mucko Murr	J M ab 6
1235 ■	M. u. F. Mehling, Das kleine Osterbuch	J M ab 8
1243	W. Krapiwin, Die zerplatzte Riesenmelone	J M ab 8
1247 ■	Sigrid Mordi, Roland mag nicht	J M ab 6
1249	Sigrid Heuck, Zacharias Walfischzahn	J M ab 8
1253	B. Götz, Dreimal Stern und fünfmal Schnuppe	J M ab 8
1254 ■	Sigrid Mordi, Dreckigsein ist schön	J M ab 6
1265	Wladislaw Krapiwin, Steig Drachen steig	J M ab 10
1269 ■	Ilsemarie Pfeiffer, Mit Katzen kann man spielen	J M ab 5
1271	Michael Meisner, Quissel und Quassel	J M ab 8

Weihnachtsbücher

1094	R. O. Wiemer, Pit und die Krippenmänner ♛	J M ab 6
1117	E. Engelke, Bastelvorschläge für die Weihnachtszeit	J E
1145	Hermann Gerstner, Tannenduft und Lichterglanz	J M ab 10
1173	M. und F. Mehling, Weihnachten in der Familie	J E
1239	R. O. Wiemer, Ludmilla Winzig	J M ab 8
1273	Karin Walther, Kinder basteln Weihnachtsschmuck	J M ab 8

Tiererzählungen

1115	Kurt Lütgen, Das Elefantenjahr	J M ab 12
1149	Nicholas Kalashnikoff, Faß zu, Toyon! ♛	J M ab 12
1206	Peter Krott, Paß auf, Tupu! ♛	J M ab 10
1223	May d'Alencon, Florian und Roter Blitz ♛	J M ab 8
1234	M. Mackay, Der Ritt auf dem Delphin ♛	J M ab 8
1245	W. Corbin, Christoph und sein Hund ♛	J M ab 12
1257	Farley Mowat, Wol und Wieps	J M ab 10
1266	Hugo Kocher, Der silberne Räuber	J M ab 12

Arena